◆ポーランド史叢書1

ブレスト教会合同

福嶋 千穂

ブレスト教会会議での教会合同の宣言文（1596年10月8日付）

装の人物は大法官ヤン・ザモイスキ、首座大司教のすぐ後ろに頭部を見せているのが合同教会主教ポチェイである。画面中央に立つ金の衣装の人物はカルヴァン派貴族ヤヌシュ・ラジヴィウ。国王の上方には伯母にあたるアンナ・ヤギェロンカが見えるが、その隣で額に手をやる女性は正教貴族オストロスキーの姪ハルシカ・オストロスカである。

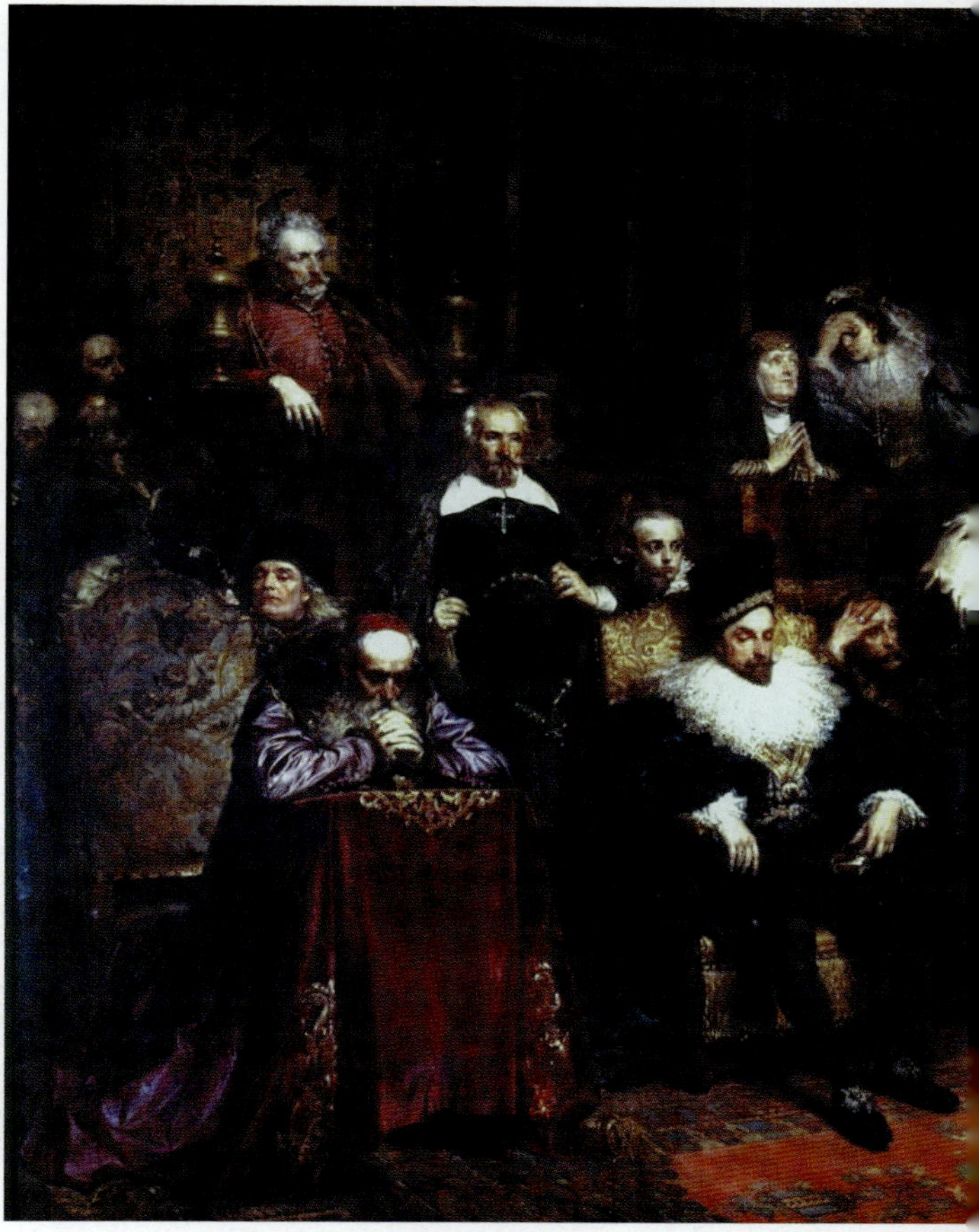

スカルガの説教（ヤン・マテイコ画、一八六四年）

あくまでもマテイコの想像の産物であるこの場面には、ブレスト教会合同にも関係する人物たちが描き込まれている。画面向かって右側で両手を挙げるスカルガ、その右斜め下で片手を顎に添えるのは教皇特使マラスピーナである。画面左側には国王ジグムント3世と祈りの体勢の首座大司教スタニスワフ・カルンコフスキが並んで座る。首座大司教の真上の最上部にいる赤い衣

シフォントコヴァ・マワ（ポーランド、ポドカルパチエ県）の大天使聖ミカエル聖堂に付設された古い墓地。聖堂はかつて合同教会であったが戦後の教区解体にともないローマ・カトリック教会となっている。19世紀後半から20世紀前半にかけてルソフィリズムの影響下で好まれるようになったロシア正教的形状の十字架が見られる。

ブレスト教会合同　目　次

ブレスト教会合同

はじめに　ウクライナのギリシア・カトリック教会

一九八〇年代の終わりは「鉄のカーテン」の東側にあった諸国にとって大きな転換期であった。ゴルバチョフ書記長の先導で始まったペレストロイカはソ連の一党独裁体制を緩和し、後のソ連崩壊、構成諸国独立への序章となった。そして中・東欧各地の民主化要求運動がついに実を結ぶときを迎えた。

ちょうど同じ頃、ソ連のキリスト教徒に大きな歴史的節目がおとずれていた。キエフ・ルシ（キエフ公国）によるキリスト教公式受容（九八八年）から一千年紀を迎えたのである。正教会がこの一千年紀を盛大に祝賀したのはもちろんのこと、ルシ受洗は東西教会が分裂する前の出来事であったことから、カトリック教会もまたこれを祝した。教皇ヨハネ・パウロ二世はこの機会に二つの祝辞「世界に出でて Euntes in Mundum」「受洗の偉大なる恩寵 Magnum Baptismi Donum」を発したが、前者が広く一般に向けられたのに対し、後者は特にウクライナの「ギリシア・カトリック」信徒に向けられていた。

ウクライナの「ギリシア・カトリック」とは、ウクライナの西部に多数の信徒を擁しながらソヴィエト政権によって正教会への統合を強いられ、地下活動を余儀なくされていた教会である。ペレストロイカによってソ連各地で大勢の人びとが名誉を回復し抑圧から解き放たれたが、ウクライナの「ギリシア・カトリック」教会もその例に漏れない。ルシ受洗一千年紀からほどなく、八九年十二月にこの教会は晴れて合法的地位を回復し、一九九五年から翌年にかけては成立四百周年を祝った。ソ連崩壊を挟む数年間に、この教会もまた大きな変動を体験したのである。

「ギリシア・カトリック」という耳慣れない言葉は何を意味するのか。「ギリシア・カトリック」とは、東方典礼カトリック教会または東方カトリック教会ともいい、東方典礼（ビザンティンやスラヴの典礼）を用いるカトリック教会を指す。西方（ラテン）典礼のカトリックである「ローマ・カトリック」に対する、東方（ビザンティン＝スラヴ）典礼のカウンターパートである。現在、こうした教会組織は全世界に二十を超え、教皇庁の東方教会省がそれらを束ねている。それらの多くが東方教会とローマとの「教会合同」によって成立した。以下、本書ではギリシア・カトリック教会に対し、歴史的にそう呼ばれていた経緯から「合同教会」「合同派」との呼び名を用いるが、当事者たちは「合同教会」や「合同派」と呼ばれることをこころよくは思わないということを明記しておく。

ウクライナのギリシア・カトリック教会は、全世界の東方典礼カトリックの中で最大の信徒数を誇っている。本拠地であるウクライナ西部、そしてウクライナ人マイノリティの多いポーランド、さらに西欧のほか、十九世紀後半からの移民ラッシュとともに新大陸にまでその教区は拡がっている。ペレストロイカによる解放に至るまで、監視の目をかいくぐって地下活動を展開した本国のウクライナ・カトリックを支えたのが、教皇庁と、こうした国外のディアスポラ教区からの支援であった。

本書が取り上げるのは、ウクライナのギリシア・カトリック教会の発端となった「ブレスト教会合同」である。十六世紀末にリトアニア大公国の都市ブレスト（リトアニアのブレストという意味からブレスト・リトフスクと呼ばれる。ポーランド語ではブジェシチ。現在はベラルーシ領）において成立したことからその名で呼ばれる。

一九九五年十一月十二日、教皇ヨハネ・パウロ二世はブレスト教会合同四百周年を記念する教書を発した。教皇は、合同教会が辿った「たびたび悲劇的で哀しい道のり」に哀悼の意を表すとともに、遡ること六年前に回復されたばかりの自由を祝した。

この教書は、ブレスト教会合同の異なる二つの重要な側面をよく伝えている。すなわち教皇は、この教会合同から生じたギリシア・カトリック教会に教会統一《エキュメニズム》運動の文脈からみた普遍的意義づけを与える一方、この教会がある特定の地域と結びつき特定の国民（民族）の歴史と深く関わってきた特殊性をも強調している。事実、ウクライナのギリシア・カトリック教会の前身は近世ポーランド・リトアニア領にあったルシ地域（ルテニア）の教会であるキエフ府主教座正教会であり、ポーランド分割後にはハプスブルク帝国の支配下でウクライナのナショナリズム運動と結びつき、ガリツィア・ウクライナ人の民族教会となった。

ヨハネ・パウロ二世は教皇としての立場からもさることながら、何よりもポーランド人という立場からこの教会合同に対して格別な思いを抱いていたであろうことは想像に難くない。というのも、ポーランドこそが、コンスタンティノープル総主教座のもとにあったキエフ府主教座をローマに帰一せしめた最大のファクターだったのである。ヨハネ・パウロ二世は同教書において、故国ポーランド訪問の際に多くの苦難を体験したこのウクライナ・カトリック教会と自らとの物理的そして霊的な近接を感じ取ったという旨の感慨を吐露している。ブレスト教会合同の成立、そしてそれによって興ったウクライナ・ギリシア・カトリック教会のあゆみには、ポーランドと東方の隣接諸地域、すなわち歴史的ポーランドが内包する東部辺境《クレスィ》との歴史的関わりが多分に投影されている。本書では、ブレスト教会合同の史料を紹介し、教会合同成立の土壌となった十六世紀末のポーランド・リトアニア東部の宗派的状況を俎上に載せるとともに、現在に至るまでの合同教会の足跡を振り返りたい。

第一章　教会合同の歴史　ブレスト教会合同四百周年に寄せられた教書より

この章では、ヨハネ・パウロ二世の前掲の教書のことばを借りながら、ブレスト教会合同の前史にあたる、ビザンツ帝国ありし時代に試みられた二度の教会合同に触れておきたい。

「西方とビザンティンの東方との統一を損なうことになった亀裂ののち、完全なるコミュニオンを回復するために熱心な努力が幾度もなされた。特に重要な二つの出来事に言及したい。一二七四年の第二リヨン公会議と、何よりも、一四三九年のフィレンツェ公会議である。それらでは東方教会との合同の議定書に署名がなされた。不幸にして、さまざまな原因によって約束と合意の諸条項は実現を妨げられてしまった」

ポーランド・リトアニアでのローカルな教会合同であるブレスト教会合同に先立つ、二度のユニヴァーサルな教会合同の試みについての文言である。

東西教会の関係を決裂に導いたコンスタンティノープルでの破門騒動（一〇五四年）について、同時代の人びとは分裂状態がよもやそのまま常態化するとは予見しなかったであろう。分裂の直後から、関係修復のためのはたらきかけが行われてきた。しかし一方で、十字軍運動の経緯、とりわけラテン帝国の建国が、ビザンツ帝国と教皇との関係を悪化させた。

東西教会の和解を目的とする第二リヨン公会議はビザンツの代表者を招待し、皇帝ミカエル八世は前コンスタンティノープル総主教ゲルマノス、ニカイア府主教テオファネスらを遣わした。この公会議ではビザンツ側から教皇首位や「フィリオクェ」(filioque=「子からも」の意。聖霊が子からも発出するというカトリックの信条)に対する合意が引き出され、翌一二七五年にコンスタンティノープルでの主教会議において この「リヨン教会合同」が承認される。当時現職のコンスタンティノープル総主教であったヨセフ一世は反対したために罷免され、新総主教にはヨハンネス・ベッコスが就任した。しかし教会合同に反対する勢力は広い範囲で支持を集め、リヨン教会合同はなかなか浸透しなかった。一二八三年には皇帝アンドロニコス二世の招集した主教会議が教会合同を正式に破棄し、教会合同は十年足らずで白紙に返ってしまった。

次に教会合同の機会が訪れたのは十五世紀に入ってからで、ビザンツ帝国はオスマン帝国に取り囲まれて存亡の危機に瀕し、カトリック教会は大シスマを収束させて間もなかった。ビザンツ帝国が西欧からの援助を是が非でも必要としていることは、カトリック側にとっての好機であった。ビザンツ皇帝マヌエル二世がコンスタンツ公会議で選出された教皇マルティヌス五世にはたらきかけ、次の教皇エウゲニウス四世がビザンツ側を公会議に招いた。一四三八年にフェラーラで開会された公会議は、翌年フィレンツェに会場を移したため、フェラーラ=フィレンツェ公会議と呼ばれる。当時カトリック世界では教皇派と公会議派との間に軋轢が生じ、公会議派はバーゼル公会議を拠りどころに教皇と対立していた。

さて、フェラーラ＝フィレンツェ公会議に赴いたビザンツ側代表団は総勢七百名にも及ぶ大所帯であり、皇帝ヨハンネス八世が自ら率いていた。コンスタンティノープル総主教ヨセフ二世（公会議開催中に死去）が随伴していたほか、アレクサンドリア、アンティオキア、イェルサレムの各総主教が名代を派遣していた。そして、モスクワからはるばる派遣されたキエフ府主教イシドロスが代表団に名を連ねていた。

ビザンツ側は軍事援助を乞う手前、下手に出なければならず、また神学の議論においてはスコラ学を通じて鍛錬された西欧の神学者たちに一日の長があった。フィレンツェでは、教皇首位とフィリオクエという二大議題、さらに煉獄についての合意が達成され、一四三九年七月六日に教会合同が宣言された。翌年に帰国したビザンツの代表団は郷里では裏切り者と糾弾され、代表団を構成していた者からも、早々と立場を覆し合同反対派に回る者が続出した。一四四三年にはイェルサレム総主教座教会が、アレクサンドリア総主教とアンティオキア総主教の臨席のもと、教会合同の破棄を宣言した。コンスタンティノープルでは、イタリアで客死したヨセフ二世の後任の総主教メトロファネス二世が合同を支持したが、次のゲオルギオス・スコラリオスは合同に反対であった。教会合同をめぐってビザンツの教会は二分され、争いが長らく繰り広げられた。一四五二年末に、ビザンツ最後の皇帝コンスタンティノス十一世が聖ソフィア大聖堂で教会合同を宣言し（当時コンスタンティノープル総主教の座は空位）、ビザンツ帝国で教会合同がついに正式に受容されたが、翌年の五月二十九日にコンスタンティノープルはオスマン帝国の手に落ち、ビザンツ帝国は滅亡を迎えた。ビザンツ帝国は教会合同を破棄することなく滅んだため、名目的には、教会合同を受け入れた状態で滅んだことになる。しかしコンスタンティノープル総主教座教会の歴史は帝国滅亡によって終わったのではない。オスマン帝国は新たなコンスタンティノープル総主教を合同反対派の中から選び、フィレンツェ教会合同は実現されずに終わった。

「〔ブレスト教会合同当時〕キエフ府主教座の主教たちは、ローマとのコミュニオンを回復させるにあたって、コンスタンティノープル総主教座からの代表者も出席者の中に数えられたフィレンツェ公会議の決定を明確に参照した。この状況〔フィレンツェでの教会合同〕においてはキエフ府主教イシドロスの人物像が際立っている。この公会議の決定の忠実なる解釈者で擁護者であった彼は、その信念ゆえに追放の憂き目を耐えたのである」(〔〕内は著者による補足)

イシドロスはテッサロニキ出身のギリシア人で、一四三六年にコンスタンティノープル総主教によりキエフ府主教に任名された。フィレンツェ公会議に列席したイシドロスは教会合同を受け入れ、枢機卿となってモスクワに戻った。モスクワが彼を拒絶したのは不思議ではなかった(フィレンツェ教会合同は一四四一年にモスクワの教会会議《シノド》で正式に却下された)が、当時カトリック国であるポーランド・リトアニア領にあったキエフにおいても、彼が暖かく迎えられることはなかった。ポーランドのカトリック教会が、教皇エウゲニウス四世およびフィレンツェ公会議と対立するバーゼル公会議派であったためである。教会合同を引っ提げて帰還したイシドロスは立場を危うくし、まもなくイタリアに舞い戻る。ローマは、イシドロスに大きな活躍の場を用意した。彼は教皇特使に任ぜられ、一四五二年に二百人の傭兵を伴ってコンスタンティノープルに派遣された。これは教会合同に応じたビザンツ皇帝に対する、教皇からの象徴的援軍であった。その翌年、イシドロスは陥落したコンスタンティノープルからイタリアへと逃げ帰り、一四六三年にローマで一生を終えた。

イシドロスと傭兵団の派遣は、教皇がビザンツ皇帝に対し義理を果たしたというポーズに過ぎず、西欧から本格的な軍事援助がもたらされることはなかった。フィレンツェ教会合同からコンスタンティノープル陥落までの間に、カトリック諸国の中で唯一例外的にオスマン帝国との戦いに正面から挑んだのが、当時ポーランドとハンガリーの君主であったヴワディスワフ三世ヴァルネンチク（ハンガリー国王としてはウラースロー一世）であった。オスマンとの戦いに踏み切ったのはポーランドよりはむしろハンガリーの利害からであったが、彼は一四四四年の「ヴァルナの戦い」で落命し、この戦いでの勝利はオスマン帝国にヨーロッパ方面に躍進する足掛かりを与えた。

ビザンツ帝国の滅亡に阻まれて立ち消えになったこの教会合同が、百数十年後に舞台を北に移し、ポーランド・リトアニアにおいて復活をみたのが、ブレスト教会合同であった。

ヨハネ・パウロ二世は同教書の中でブレスト教会合同について次のように評価する。

「合同を推進した主教たち、そして彼らの教会を構成する人びとは、自分たちの府主教座の東方的アイデンティティを完全に意識するとともに、彼らの正教の兄弟たちとの原初からの密接なつながりの生きた自覚を保っていた。この東方的アイデンティティは合同の後にも維持されることになった。カトリック教会の歴史において、こうした真っ当な望みが尊重され、合同の決議書がラテン的伝統への移行を含んでいなかったということは、何かしら想起されるように、たいへんに重要な事実である。彼らの教会は、独自の綱紀を備えたその固有のヒエラルヒーによって統括される権利と、東方的な典礼と霊的遺産とを護る権利を認められた」

合同派の主教たちが東方的アイデンティティを重んじたこと、教会合同がラテン的伝統への移行を伴ったのではないことが強調される。ローマに帰一することでその教会の固有性が損なわれることはないという、教会合同の本質に対する理解がここに読み取られる。

次章では、ブレスト教会合同の真髄を伝える史料として、合同に臨んでキエフ府主教座の主教たちが起草した、三十三箇条から成る諸条件を紹介する。

第二章　［史料］三十三箇条

ルテニアの教会のローマの教会との統一にまつわる諸条項（ポーランド語によるテキスト[1]）。

〔〕内は訳者による補足、数字の訳注は28頁以下参照。

我々は、ローマの教会との統一に加わるに先だち、これらの条項に対するローマの信徒の諸兄からの保証を求めます。

（一）まず、ローマとギリシアの間には聖霊の源をめぐる議論が存在し、これが統一を少なからず妨げてきましたが、これはまさしく、互いを理解したがらぬことにこそ起因しております。また我々は、ほかの信仰を強要されることのなきよう求めます。福音書の聖書における文言と同様、ギリシアの教会博士たちの書にある文言とともにあることができますように。すなわち、聖霊は二つの発端と二通りの発出源を持つのではなく、源としては一つの発端、つまり父から生じ、子を経由するのであります[2]。

（二）神への賛美とすべての朝と夕と夜の祈祷は、東方教会の古来の慣習に則って、我々のもとにそのまま保たれますように。すなわち、バシレイオス、〔ヨハネス・〕クリュソストモス、エピファニオス[3]の三つの聖なる典礼文であります。これらは大斎期に行われるもので、前もって聖別された正餐をともないます。同様に、これまで我々が有してまいりました、我々の教会の他のすべての儀式と典礼も。なぜならばローマにおいても、教皇聖下への服従のもとで保たれておりますゆえ。さらに〔典礼は〕我々に固有〔のことばによるもの〕[4]でありますように。

(三) 我らの主であらせられるイエス・キリストの聖体と血の至聖なる秘蹟は、今に至るまで我々が享受してきましたように、パンとワインの両種[5]のもとで、我々にとって完全に保たれますように。このことが我々のもとで恒久に、完全なる、損なわれぬかたちで保たれますように。

(四) 聖なる洗礼の秘蹟とその形式は、我々がこれまで享受しておりますように、我々のもとに完全に、いかなる付け足しもなく、保たれますように。

(五) 煉獄[6]については、我々は議論せず、聖なる教会の教えにならいます。

(六) 新暦は、もしも我々が旧暦に従うことができぬのであれば、受け入れましょう。ただし、復活祭や我々の祝日は、和合の時代にそうであったように、損なわれることがありませぬように[7]。なぜなら我々には、ローマの諸兄たちにはない自分たち独自の祝日がいくつかございます。すなわち、一月六日の主キリストの受洗を記憶する祝い[8]、そして我々が主顕節〔神現祭〕と呼ぶ、唯一神の三位一体のかたちでの最初の顕現であります。この日には水を浄める際に、我々は独自の儀式を行うのです。

(七) 主の聖体の祭日の行列に我々が強制されることがありませぬように[9]。すなわち、我々もまた自分たちの秘蹟をともなう行列を行えますように。なぜなら我々には異なる秘蹟のやり方がありますゆえ。
（八）復活祭の前にも同様に、これまで我々の教会にはなかった火の浄め、拍子木の使用、その他の儀式を〔強いられることがありませぬように〕。そうではなく、我々の教会の方式や規定に則って、我々の儀式のうちに保たれますように。
（九）司祭の結婚は、重婚〔正確には再婚〕[10]を除いて、完全に残されますように。
Regia.〔国王に宛てられた条項〕（十）府主教、主教、その他の我々の典礼の聖職位は、我々の宗教のルテニアまたはギリシアの出自の人びとをおいてほかには授けられませぬように。また我々の教会法が示すように、府主教そして同様に主教たちは、まずは聖職者の間から、その地位にふさわしい人々が選ばれるべきであります。国王陛下に対し、我々は自由な選挙を求めます。とはいえ、お望みの者にお与えになるという、国王陛下の権威を完全に留めるような〔選挙を〕[11]。すなわち、故人の死のあと間もなく四名の被選挙人が選ばれ、国王陛下がその四名の中から誰に与えるかを自由に望まれるのです。何よりも、そのような地位に品性と教養のある人びとが選ばれますために。なぜなら、この宗教のおかたではない国王陛下は、どの人物がその地位に相応しいかどうかを存じ得ないゆえ。というのも、かつて、無教養な者たち、なかには字を読むのがやっとのような者たちが〔そうした地位に〕ありました。とはいえ、これらの聖職を国王陛下がご自身の恩寵によって世俗の人物にお与えになるとなれば、その者は、その後三か月内に聖職身分に叙階されなければ、自分が就くはずの職位を失うことになりましょう。グロドノでの議会決議といまは亡き国王陛下ジグムント・アウグストの諸条項[12]、そして現国王陛下による〔それらの〕確認に準拠して。なぜならば現在、十数年来聖職を有しながら聖職身分に叙階されることなく国王陛下の何らかの例外規定によって護身する者が何人もいるのであります。こうしたことが今後は起こりませぬようお願い申し上げます。

（十一）叙階認可書のためにローマまで、主教たちが遣わされずに済みますように。そうではなく、国王陛下が主教位を給うときには、古式に従い大主教たる府主教が各主教を叙階すべし。とはいえ府主教自身は、その府主教の地位に就任するには、叙階認可書のために父なる教皇のもとへ遣わされねばなりませぬ。府主教は、ローマからの叙階認可書を持参したのち、少なくとも二名の主教たちによって自分たちの規定に従って叙階されますように。もしも主教が府主教位に就くことになりました場合は、主教の位への叙階をすでに受けたのですから、その者を叙任認可書のために〔ローマに〕遣わすことがありませぬよう。教皇聖下に対する恭順は、大司教としてではなく首座大司教の立場でのグニェズノ大司教の前で、示すことができます。

Regia.（十二）我々の権威がより大きなものとなりますように、そして我々の小羊たちが我々をより敬い、誠実たりえますように、国王陛下には、元老院の議席を府主教と主教たちへとお与えになりますようお願い申し上げます。多くの正当な理由ゆえに。なぜならば、ローマの諸兄猊下たちと同じ、司教の役職と職位を我々は担っておりますゆえ。そして何より、次の理由ゆえにです。元老院に対して宣誓を行いますならば、そのとき、教皇聖下に対しても恭順の宣誓ができるのです。また、キエフ府主教イシドロスの死後に起こったような分裂が起こりませぬためにも。主教たちが宣誓を義務づけられず、僻地におりましたため、〔彼らは〕フィレンツェ公会議で達成された統一から容易に離脱しました。しかしもし元老院での宣誓が義務とされましたら、分裂を考えるのは困難になりましょう。議会と地方議会への〔招集の〕書簡が我々に宛てても書かれますように。

（十三）もしも、時とともに主なる神が、我々の民とギリシアの宗教の兄弟たちの残りをもこの聖なる統一に至らせ給いますなら、我々が彼らよりも統一に先行したことを、我らの罪とは見なされませぬように。なぜなら、確固たる正当な理由から、キリスト教の共和国における和合のために我々はなさねばならなかったのですから。さらなる混乱や不和を阻むために。

Regia.（十四）ギリシアから〔の派遣者〕にはいかなる騒擾をも扇動させることがありませぬように。人びとの間に混乱を生じさせる目的で、破門状を携えて国家に入り、この和合を引き裂かせることなきように。なぜなら、いまだ人びとの間に少なからぬ強情者たちがおり、彼らは、わずかな機会をもとらえて人々を容易に混乱へと導くことが出来るのです。そうはならぬよう、そのような騒擾をつくり出すでしょう人物が破門状を携えて入国したならば、そうした者たちは処罰されますように。なぜなら、そのために人びとの間で内戦が発展しうるでしょうから。そして、我々の主教座管区において、我々の宗教の司祭たちが我々に服従しようといたしますか、用心して見守る必要がございます。〔そうでなければ〕いかなるところでも聖職の機能を執行し得ませぬように。我々の掌院〔大修道院の長〕たち、修道院長たち、司祭たちや他の聖職身分の者たちも。とりわけギリシアからやってくる主教や修道僧といった外国人たちは、我々の主教座管区において聖職の機能の執行を敢行できませぬように。なぜなら、そうしたことが許容されれば、この和合は跡形もなくなってしまいましょうから。

（十五）もしも、我々の宗教の者が今後、我々の宗教と儀式を低く見て、ローマの儀式に加わろうと欲しますならば、単一の神の教会の儀式をなおざりにするそうした者は〔ローマ・カトリック教会でも〕受け入れられませぬように。なぜならば単一の教会において既に我々は単一の教皇を戴くようになるのですから。

（十六）ローマの者とルテニアの者との婚姻は、単一の教会内でのことでありますから、宗教が強要されることなく、もはや自由でありますように。[13]

Regia.（十七）少なからぬ教会財産が、我々の先任者により、不当にも新たに抵当に入れられております。彼らは一時の所有者として、自身が存命中の間にのみ〔抵当に〕もたらす権利を持ちます。〔それらが〕教会へと返還されますよう、謹んでお願いいたします。我々の主教座のこのような困窮ゆえ、神の教会の必要を満たせぬだけでなく、我々自身を細々と養うすべも持ちませぬ。もしも何びとかが教会財産に対し正当な終身の権利を持っておりますならば、そこから最低限いくばくかの借料を教会へ支払いますように。そして〔彼の〕死後は各財産が教会のもとへと戻りますように。主教たちと聖堂参事会の同意なしにはいずれの者もそれらを要求することのなきよう。教会が現在所有する、福音書に記録されているすべての授与も、それらに対する特権書がなかったとしても、古くからの所有物であったのであり、〔教会の〕権限のもとに残りますように。また、昔に取り上げられていたものを取り戻す自由の権利が教会に保たれますよう。

Regia.（十八）府主教や主教の死後は、国王代官も大蔵官も教会財産に関わることなきよう。そうではなく、ローマの教会の規定にありますように、新しい主教の選出までは、聖堂参事会の権限のもとに置かれますように。とりわけ、主教本人の所領や個人資産の観点からは、故人の死後に家臣や血縁の者が損を被ることがありませぬように。そうではなく、すべてにおいて、ローマ教会で聖職の諸兄の死後になされておりますようなかたちに保たれますように。これに対する特権をすでに我々は有しておりますが、議会での制定事項に加えられますように。

（十九）掌院、修道院長、そして修道僧と彼らの修道院は、古式に従い、自分の教区の主教のもとに服従しますように。なぜなら我々のところには唯一つの修道の規定があり、それを主教たちもまた用いており[14]、管区長というのは我々のところにはいないのであります。

Regia.（二十）法廷〔最高裁判所〕において、ローマの聖職の諸兄に混ざって、我々の教会の権利を見守るために我々も自分たちの二名を擁することができますように。

Regia.（二十一）掌院、修道院長、司祭そして長補祭と補祭、他の我々の聖職者は、ローマの聖職の諸兄と同じ様に敬われ、国王ヴワディスワフ[15]より賜った古くからの自由を享受しますように。そして、個人からの、また教会の建造物からのあらゆる徴税（これまで彼らから不当に徴収されてきた税）から自由でありますように。自分の所領を持つ者でなければ。その場合は他の人びとと一緒に税を支払わねばなりませぬ。しかし、彼個人から、または教会から〔の納税〕ではなく。聖職者と司祭で、領主やシュラフタ〔貴族〕のもとに自分の借地をもつ者は、自らの臣従と自分の領主に対する恭順を、行い示さねばなりませぬ。土地とその貸借の観点からは、他の法のもとへ抜け出でて、自分の領主を〔法廷等に〕召喚することがありませぬように。そうではなく、パトロン権を自らの領主のもとに完全に維持いたしますように。しかし、彼ら個人と彼らの聖職の観点からは、彼ら自身の主教が彼らの領主たちの申し出に対して行う場合を除き、何びとも彼らを罰すことはできませぬ。殊に、自分の領主の自身の臣下でふさわしい息子である者たちの場合には。このように、教会そして所領に関わる法のどちらも、そしていずれの側のシュラフタの自由も、脅かされませぬように。

（二十二）聖金曜日における我々の教会での鐘つきは、都市においてもいずこにおいても、ローマの信仰をもつ領主たちによって禁じられることがありませぬように。

（二十三）至聖なる秘蹟を行うため、病人のもとへ、我々の規定に基づき公然と蝋燭をともし祭服で赴くことが、禁じられませぬように。

（二十四）祭日の宗教行列は、必要とされるときにはいつでも、いかなる妨害もなく、我々の規定によって自由に行えますように。

Regia.（二十五）我々のルテニアの修道院と教会は、ラテン典礼の教会には変えられませぬように。そればかりか、もしカトリック教徒が自分の領地で東方教会に損傷を与えましたならば、ルテニアの領民のためにそれらを修繕するか、または、新築するか改築せねばなりませぬように。

Regia.（二十六）総主教たちによって新たに確立され、そして国王陛下によってすでに承認を受けた教会の兄弟団は、もしこの統一の中にあることを欲しますならば、リヴィウ、ブレスト、ヴィルニュスや他の地においてと同様、神の教会にとっての偉大な利益と神の栄誉の増大をもたらしますゆえ、それらが存在しそれらが属す教区の、自分たちの〔府主教〕主教たちへの服従のもとで、完全に維持されますように。

Regia.（二十七）ギリシアとスラヴのことばの学校、セミナリアは、最適と思われる都市において、設置を許可されますように。同様に、印刷所も自由でありますように。ただし、府主教と主教たちへの服従のもとで、彼らに報告した上で。何かしらの異端の増加を防止するために、自分たちの主教たちに知らせず彼らの許可なく印刷を行うことはできませせぬように。[16]

Regia.（二十八）我々の司祭たちによる我々に対する害悪と不服従が行われております。国王陛下の都市においても、同様に、領主と地主の都市においても。彼らは時に官吏や自分たちの領主の庇護のもとで大きな害悪や婚姻における離婚を執り行うのです。その際に国王代官たち自身と彼らの官吏幾人かは、通例離婚によって支払われる幾ばくかの利益のために、自分たちの司祭たちを擁護し、主教たちの教会会議へ赴かせず、我々主教たちに不品行な者たちを罰することをさせぬのです。〔彼らは〕我々の視察者を辱め、彼らを鞭打ちます。我々が不品行な者たちを罰し、秩序を見張ることができますよう、こうしたことが終わりますようお願いいたします。もし、自身の不服従または越権行為ゆえに主教によって破門された者がおりましたら、官吏も領主も、主教たちや彼らの視察者からの報告を受け、〔そのような者たちが〕聖職の職能を執行し教会で勤めをすることを許可しませせぬように。その者が自らの司牧者を前に釈明を行いますまでは。以上のことは、主教たちとその権力の下にある掌院、修道院長、その他の聖職者たちに関するものとして理解されます。

Regia（二十九）国王陛下の国家における主要な諸都市といかなる場所においても、主教座聖堂と他の教区教会は、いかなる権力と臣従のもとにあっても、国王、都市、領主から寄託されたものであれ、自らの主教の権限と権力の下に置かれますように。世俗の人びとがそれらを統治しませぬように。なぜならば、自分の主教たちへの服従から逸脱して自らの見識によってそれら〔教会のこと〕を統治し、自分の主教たちに服従することを欲さぬような者がおりますからです。そうしたことが今後はありませぬよう。

（三十）もしも誰かが自らの主教たちによって非行に対し破門をされたならば、そうした者はローマの教会において受け入れられることがありませぬように。逆に、彼には〔破門が〕宣告されますように。そうなれば我々もローマの教会からの破門者に対しては反対いたします。なぜならばこれは我々が共有する問題であるからです。

（三十一）主であらせられる神がその神聖な御意志と恩寵により、我々のギリシア典礼の東方教会の兄弟たちの残りが西方教会との聖なる統一に加わりますのを〔我々に〕見届けさせ給うならば、共通の合一とすべての教会の許しののち、ギリシアの教会において儀式や規定の何らかの改定がなされますなら、我々は単一の宗教の者として、この全てのことの当事者たりえますように。[17]

（三十二）我々のうち幾人かが、何らかの教会の全権委任状を求めてギリシアへ赴き、その後ここにやって来て聖職者を統括し、自らの司法権を執行し我々に対し及ぼすことを欲した場合に、人々の間にいかなる騒擾も起こりませぬよう、国王陛下が国境地帯において、自らの国王代官諸兄に警戒するよう命じ給うことをお願いいたします。ここ国王陛下の国家には、そのような司法権や破門状を携える者たちは通過を許されませぬように。なぜならそのことにより神の教会の司牧者と小羊たちのあいだに少なからぬ混乱が生じますでしょうから。

(三十三) こうして、下に名を挙げる我々は、神の名の栄光と聖なるキリスト教会の平和のため、この神聖な和合に意欲を持ち、我々の教会にとって必要と考えますこれらの諸条項と、第一に聖なる教皇聖下と我々の慈悲ぶかき国王陛下からの保証を必要といたします諸条件とを、よりよい信仰のために、神において尊師たる我々の兄弟たち、首席者《プロトトロヌス》にしてヴラジーミルとブレストの主教イパーチー・ポチェイ神父、総主教代理《エクサルコス》にしてルツクとオストログの主教キリル・テルレツキー神父への、この指示書に公示いたしました。彼らが第一に、この書に我々が公示した、これら全ての条項の確認と保証とを、至聖なる父たる教皇と、同じく我らの慈悲ぶかき国王陛下に、我々と自分たちの名において願いますよう。我々の信仰、秘蹟と儀式について、そして、我々の良心と我々にゆだねられたキリストの小羊たちが、損なわれることのなきよう確認し、聖なるローマの教会とのこの聖なる和合に我々が加われますように。そして後に、いまだ揺れ動いている他の者たちが、我々が自分たちのすべて〔典礼や慣習のこと〕を完全に保持するのを見て、すみやかに我々のあとを追いこの聖なる統一に加わらんことを。

主の年一五九五年六月一日、旧暦による。[18]

ミハイル、キエフとハリチの府主教。自らの手によって。

イパーチー、ヴラジーミルとブレストの主教。自らの手によって。

キリル・テルレツキー、神の恩寵による総主教代理、ルツクとオストログの主教。自らの手によって。

レオンチー・ペリチツキー、神の恩寵によるピンスクとトゥロフの主教。自らの手によって。

〔七枚目裏面に〕ヨナ〔・ホホル〕、コブリンの救世主キリスト教会の掌院。自らの手によって署名す。[19]

〔訳注〕

1　ポーランド語版と並び僅かな違いのみとめられるラテン語版テキストが存在するが、ブレスト教会会議で最初に作成されたのがポーランド語版であり、ラテン語版はそれを翻訳したものと考えられる。オリジナルの手稿はヴァティカン機密文書館所蔵。各条項に付された番号は元の文書にはなく、刊行された際に追加された。諸条項は、ポチェイとテルレツキーが一五九五年七月半ばにクラクフでピョートル・スカルガと会談した際に大きく二つに分類された。すなわち、教皇に宛てられるべき、主に教義や典礼にかかわる諸項目と、国王に宛てられるべき、ポーランド・リトアニアにおける正教会の地位と処遇にかかわる諸項目である。後者に分類される条項には**Regia**と付記された。

2　カトリックの信条「フィリオクエ」を受け入れている。六世紀にイベリア半島の神学者が唱え始めたフィリオクェは西欧では定着したもののビザンツ帝国では受け入れられていなかった。

3　カエサリア大主教の大バシレイオス、コンスタンティノープル大主教のヨハネス・クリュソストモスはともに四世紀の教父。文中でエピファニオスの典礼文とされているものは、実際は大グレゴリオス、すなわち教皇グレゴリウス一世（在位五九〇－六〇四）によって確立された典礼文を指すものと理解される。

4　教会スラヴ語による典礼を意味する。

5　カトリック教会における聖餐（聖体拝領）は一般的にパンのみで行われるが、正教会ではパンとワイン両方が用いられる。パンの種類についてもカトリックと正教の間には違いがあり、酵母を用いないカトリックに対し、正教会ではパンを発酵させる。

6　煉獄とは天国に上がる前に魂が浄化されるためにとどまる場所である。この教理は東西教会の分裂の後にカトリック教会において普及し、正教会にはない。

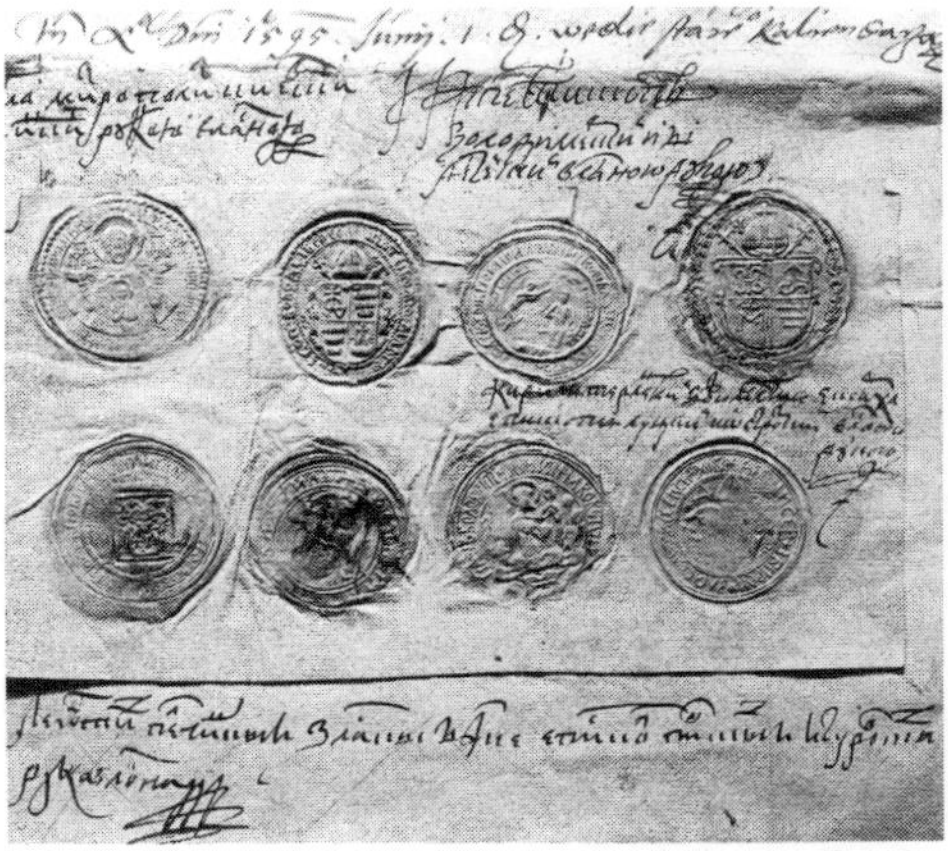

「三十三箇条」（ポーランド語版）に付されたルテニアの主教たちの印章

7　グレゴリウス暦を受容するが教会の祭日はユリウス暦にしたがって祝されるという意味である。すなわち教会暦としてのユリウス暦は維持されるということ。

8　この祭日はローマ・カトリック教会では東方三博士の来訪を記念する意味合いが強い。

9　この祭日は十三世紀以降カトリック教会で祝われるようになったが、正教会にはなかった。後に、合同教会では一七二〇年のザモシチ教会会議によって正式に導入される。

10　正教会では教区司祭の妻帯が可能である（修道士は不可）。ただし司祭（神品）への叙階後に結婚の秘蹟を受けることはできないので、輔祭の地位にある段階で結婚を済ませ、妻帯者として司祭に叙階される必要がある。なおここでいう「重婚 bigami」とは、司祭が妻を亡くした後に後妻を娶ることを指す（すなわち再婚のこと）。司祭の妻帯が従来通りに認められるか否かは、司祭職（とそれに付随する禄や資産）を世襲で継承することもめずらしくなかった東方教会の聖職者にとっては大きな懸案事項であった。

11　この当時、正教会の上級人事権はポーランド国王の握るところとなり、その肝いりで、場合によってはシモニア同然で、不適切な人物（時に世俗の人物）が高位聖職に就く例もめずらしくなかった（その人選はコンスタンティノープル総主教によって形式的に認可された）。本項目では、聖職者の会議で選出されるという、本来のぞましい形を採りつつ一方で君主の意向をも尊重する手順が提案されている。

12　一四三二年の「グロドノの特権」と、ジグムント二世アウグスト治世のヴィルニュスの議会での「グロドノの特権」再確認（一五六三年）を指す。

13　ローマ・カトリックと正教会信徒の婚姻は、双方の教会から許可が得られれば宗派を変更することなく執り行うことが可能であったが、実際には婚姻を機に改宗する例が少なくなかった。

14　正教会では主教位に就くことができるのは修道士のみである。したがって、すべての主教は修道制に従っていることになる。

15　ヴワディスワフ三世ヴァルネンチクのこと。フィレンツェ教会合同を受け、ヴワディスワフはポーランド王国の東方教会をカトリック教会と対等と認める法令を発した（一四四三年九月二十六日付）。しかしポーランド国内のカトリック教会がフィレンツェ公会議と対立するバーゼル公会議派であった手前、これが効力を持つことはなかった。

16 ルテニアの正教会において、教育・啓蒙活動は世俗信徒によって先鞭がつけられた分野ではあったが、主教たちも学校教育や印刷出版の果たした役割の重要性をよく認識していた。

17 ポーランド・リトアニアにおいて教会合同を早期実現させるために断念された、ユニヴァーサルな教会合同への希求が表明されている。今回の教会合同を将来的な教会統一へ向けての布石、先駆として位置づけようとする意図がうかがわれる。

18 新暦では六月十一日。

19 本文はラテン文字で書かれているが、自筆の署名はすべてキリル文字による。この文書には主教全員の署名は得られなかった。署名のない主教のなかには、合同反対に回った者と、他の事情からその場に不在であった者とがいる。しかし文書には前もって用意されていた印章が添付され、体裁上は合計八名の主教の名で提出されている。一方、六月十二日(旧暦)付の教皇宛ての宣誓文には、事前に集められていた主教全員分の署名が確認される。

解題

刊行状況

「三十三箇条」の内容は、一六一三年にアントウェルペンでラテン語版が印刷されたことで公になった。しかし広く一般に知られるようになったのは、一八六〇年代のタイナーによるヴァティカン所蔵資料集の公刊による。合同教会を弾圧したロシアにおいても、十九世紀後半から二十世紀初頭にかけてモスクワ府主教マカーリー（・ブルガーコフ）やジュコーヴィチが批判的立場からロシア語に抄訳している。ウクライナでは、この史料は教会史家や一部の世俗の歴史研究者をのぞき、一般には知られぬままであった。オーストラリアで刊行されたガエフスキーによるウクライナ語訳（一九五五年）は、ソ連で合同教会が非合法であったため流通は在外ウクライナ・ディアスポラ社会に限られた。ウクライナ国内でのウクライナ語訳の公刊は、合同教会が合法化されて四百周年の節目を迎え、この史料に大きな関心が集まったことを契機に実現された。

内容分析

テキストの執筆者は、その表記に著しいルテニア的特徴がみられることからも、キエフ府主教座の主教たちだと考えられる。主教たちの要求に加えて、ローマ・カトリック聖職者からの指示によるとみられる項目、そして同時代の世俗の有力者オストロスキーの考えにも通じるユニヴァーサルな教会合同への期待などが、渾然一体をなしている。内容的には、教義・神学に関わるもの、典礼・慣習に関わるもの、教会行政に関わるもの、ポーランド・リトアニアの制度と関わるものに大別されるだろう。具体性に富み、十六世紀後半のキエフ府主教座教会を取り巻く状況、直面した問題など、実情がよく反映されている。最後の第三十三項目は条件ではなくメッセージであるため、「三十三箇条」は合計三十二の条件を含むことになる。以下、項目の内容に従って整理してみたい。

まずは教義・神学に関わるものであるが、第一と第五の項目がこれに相当する。

第一の項目は、東西教会分裂の直接的要因となった聖霊の発出についてである。聖霊は父からのみ出ずるとする正教会に対し、カトリック教会は父と子の両方から出ずると主張したが（フィリオクェ）、フィレンツェ公会議では「父から出ずるものの、子を経由することから子から出ずるとも考えうる」と、両教会の面目を保つ解釈が編み出された。ここではフィレンツェ教会合同での解釈がそのまま採用されている。

第五の項目は、「煉獄」という、カトリックに特有で正教にはない概念を取り上げている。ルテニアの教会から独自の見解が示されることはなく、カトリックの教条を受け入れることが述べられるのみである。

純粋に教義・神学に関わる項目は二つのみという、全体におけるその比重の小ささは逆に印象的ですらある。その理由としてはまず、ブレスト教会合同がフィレンツェ教会合同のローカルな復刻版であり、フィレンツェ公会議での合意事項が踏襲されたために新規の議論が必要とされなかったことが挙げられる。もうひとつの理由は、「三十三箇条」は教会合同の理念を借りながら、ポーランド・リトアニアにおける正教会の地位向上と諸問題の解決を主に求めているからである。

続いて、典礼・慣習に関わる項目を確認したい。こちらは打って変わって、第二－四、六－九、二十二－二十四項目に仔細にわたる記述がみられ、起草者たちの関心の大きさを伝える。これらの項目はいずれも東方的な典礼や慣習の不変を求めており、具体的には、典礼用言語、教会暦、聖体パンの種類、司祭の妻帯、カトリックにはない独自の習わしの維持、そしてカトリックの習わしを強要されないことが条件とされる。教会合同において、ローマに帰一したあかつきにも日々の信仰生活が変化を被らないことが肝要なのである。

形式こそが、固有の教会としてのキエフ府主教座教会のアイデンティティを可視的にあらわす、起草者たちにとってむしろ本質をなす重要問題であった。ローマ教会の姉妹教会として教皇の傘下に受け入れられることは、吸収や同化と同じではない。起草者たちは、ローマに帰一することで東方教会の一員たるルテニアの教会としてのアイデンティティがおびやかされることを非常に危惧していたといえる。殊更に危ぶまれたのは、聖俗の個人や聖堂にとって合同が最終的なローマ・カトリック化へのステップとなる可能性であった。第十五、十六、二十五の項目はそれを阻むための要求である。

教会行政上の諸問題と、ポーランド・リトアニア国家内でのキエフ府主教座教会の地位もまた、起草者たちにとって大きな関心の的であった。教会行政に関わる項目としては、高位聖職者の選出と叙階の方法に関する第十、十一項目、教会の資産に関する第十七、十八項目、修道院や兄弟団、学校・印刷所の在地主教への従属を要求する第十九、二十六、二十七項目、主教の司祭や世俗信徒に対する権限を確認する第二十八、二十九、三十項目が挙げられる。高位聖職者の権限強化が強く求められているのだが、正教会に顕著な世俗主導、キエフ府主教座教会で散見された高位聖職者と世俗勢力との対立がその背景にある。

国家におけるキエフ府主教座教会の地位向上への希求は、議会と法廷（最高裁判所）、税制におけるカトリックと同等の権限を要求する第十二、二十、二十一項目にうかがわれる。

残る第十三、十四、三十一、三十二項目は、国外の正教会、とりわけコンスタンティノープル総主教座との関係に関わる。教会合同によってコンスタンティノープルとの間に起こりうる摩擦を見越した内容である。今回のローカルな教会合同が将来のユニヴァーサルな合同への布石になることへの期待を込めつつ、コンスタンティノープルをはじめとする正教の諸教会からの妨害を警戒し、国王の庇護が要請されている。

ブレスト教会合同の前身といえるリヨンとフィレンツェの教会合同については第一章で取り上げた。「三十三箇条」成立の過程を確認する前に、本章ではブレスト教会合同のもうひとつの前史たるキエフ府主教座教会の歴史を辿りたい。

キエフ公国がキリスト教を公式に受容したのは九八八年のことで、ビザンツ帝国との外交関係を最大の要因とする。コンスタンティノープル総主教はキエフに府主教座を置き、シリア出身のミハイルを初代府主教に任じた。これをもってキエフ・ルシはキリスト教世界の正式な構成員となり、教会スラヴ語によるビザンティン式典礼を用いることになった。コンスタンティノープル総主教座の管轄下にあったため、東西教会分裂（一〇五四年）以降は東方正教会に属することになった。

大きな転機はモンゴル来襲によってもたらされた。首都キエフがモンゴルの攻撃を受けたことでキエフ公国は滅亡（一二四〇年）し、元来キエフ公国そのものを指した「ルシ」の名称がリューリク朝諸公の統治圏全域、各分領公国に拡大適用され、キエフ府主教座教会は「キエフと全ルシ」の教会と呼ばれた。

　モンゴル侵攻はルシ世界が大きく二分される契機であった。ルシ東北部を数世紀にわたり間接的支配下に置いたモンゴルであったが、ルシ南西部に対する支配は短期に終わり、代わってリトアニア大公国とポーランド王国がこの地域を手に入れた。十五世紀半ばに至るまで継続的なモンゴル支配を経験した東北のルシがのちのロシアに発展するのに対し、十四世紀からリトアニアとポーランドの支配を受けた南西のルシは今日のベラルーシ、ウクライナの前身となった。リトアニア大公国はポロツク公国とかつてのキエフ公国支配領域の大半を、そしてポーランド王国はハリチ＝ヴォルィン公国の南西部を併合した。それぞれがルシ地域を版図に取り込んだリトアニアとポーランドは、十四世紀の終わりに始まる同君連合、王朝連合を経て、一五六九年の「ルブリン合同」によって連合国を形成する。この際にキエフ、ヴォルィン、ポドレの諸県がリトアニア大公国からポーランド王国に移管され、これ以降の両国国境が後のベラルーシとウクライナの境界線の原点となった。

　キエフに対するモンゴル支配は一過性のものであったが、都市の負った損害は甚大であった。一二四〇年に一旦破壊された後、復興の途にあった一二九九年に再度の襲撃を被った。時のキエフ府主教マクシムは一三〇〇年にクリャジマ河畔のヴラジーミル（現ヴラジーミル＝ヴェリーキー）へと避難し、かの地で没した。後任の府主教たちもそのままヴラジーミルに残り、さらに十四世紀半ばからはモスクワに居住した。モスクワ公イヴァン三世がモンゴル支配を脱し「大公」を名乗るようになると、モスクワは名実ともにルシの新都としての地歩を固める。とはいえ、モスクワ大公の庇護下でモスクワを住まいとした府主教たちは依然として「キエフ府主教」の称号を用いた。「キエフと全ルシの府主教」の管轄権は文字通り全ルシに及び、ルシ世界がモンゴル侵攻以前に有した一体性をかろうじて体現する唯一の存在であった。

キエフ府主教座の分裂

しかしその一方で、ルシ世界が断片化するに従い、ルシ各地を支配する世俗権力は自らの支配領域の正教会を他から分離させたがった。キエフ府主教の北方避難からまもない十四世紀初頭、ハリチ公がコンスタンティノープルの認可を受けて自前の府主教座「小ルシの府主教座」を設置した。十四世紀前半中にはリトアニア大公も自領の正教徒を管轄する独自の府主教座を設け、ルシに三つの府主教座が鼎立する事態となった。十四世紀後半には、リトアニアの府主教キプリアノスがリトアニア大公国の勢力拡大に伴ってノヴォグルデク(現ベラルーシ領)からキエフに拠点を移して「キエフと全ルシの府主教」を名乗り、鼎立する府主教座の統合に王手をかけた。この時モスクワは統合に合意したもののポーランド王国の支配下に入っていたハリチの府主教が応じず、統合は十五世紀前半になってようやく、モスクワの府主教のもとで達成された。しかし間もなくして、フィレンツェ教会合同を契機にキエフ府主教座は再度の分裂に陥り、その状態が以後固定化する。

フィレンツェ公会議で教会合同に応じたキエフ府主教イシドロスはモスクワから追放され、その後任に、モスクワはコンスタンティノープルの承認なく独断で現地出身者ヨナを任命した（一四四八年）。モスクワの影響力がポーランド・リトアニアの正教会に及ぶことを危ぶんだ教皇ピウス二世は、コンスタンティノープル総主教と一致協力し、ブルガリア出身のグレゴリオスを合同派府主教としてキエフに擁立した（一四五八年）。こうしてルシの正教会はモスクワの府主教座とキエフの府主教座に二分され、それぞれがモスクワ大公国、ポーランド・リトアニアの正教徒を管轄下に置くことで落着した。ルシが二つの世俗国家の間で分断されたのに呼応し、ルシの教会もまた分断されたのである。モスクワ大公国とポーランド・リトアニアの府主教はともに「キエフと全ルシの府主教」を名乗り、それぞれキエフ・ルシの教会の正統な後継者を自認した。十五世紀後半以降、モスクワの府主教は「全ルシの」とだけ名乗るようになり、さらに後には「モスクワと全ルシの」を正式称号とする。

モスクワの合同反対派ヨナの対抗馬としてキエフに擁立されたグレゴリオスは、合同派の府主教であったが、現地の聖職者や信徒のあいだに教会合同の自覚はなく、当のグレゴリオスも教会合同を定着させるための措置を特には講じなかった。グレゴリオスの後任のミサイル（リューリク朝の血を引く現地出身者）にかろうじてローマへの帰属意識があったことは、彼が一四七六年に用意していた教皇への書簡に垣間見える。しかしやがてローマの側でもキエフ府主教座に対する関心が低下し、新任の府主教の叙階の承認を怠るようになった。そしてまもなく宗教改革が起こると、教皇庁はキエフの教会に気を回す余裕を失ってしまう。こうしてルシの地でのフィレンツェ教会合同は自然消滅の途を辿り、キエフ府主教座はオスマン帝国支配下にある反合同派のコンスタンティノープル総主教の管轄下へと回帰する。教会合同がキエフ府主教座教会で復活の兆しを見せるのは、ポーランド・リトアニアにおいてカトリックの対抗宗教改革が軌道に乗る十六世紀後半を待つことになる。

ポーランド・リトアニアでの正教会

正教君主の庇護下に置かれたモスクワ府主教座とは異なり、カトリック君主の支配下にあったキエフ府主教座の正教会を取り巻く状況はどのようなものであっただろうか。本書では以下、モスクワ・ロシアとの区別を明確にする意図で、ポーランド・リトアニア領のルシ地域を「ルテニア」と呼びたい。「ルテニア Ruthenia」とは「ルシ Ruś」のラテン語形のひとつであり、ルシという名称の適用範囲が時代や文脈により変遷するのに似てこの語の指す対象も一定しないが、本書においては、近世ポーランド・リトアニア領内の、キエフ府主教座正教会の管轄域にあったルシ地域と定義する。

ポーランド・リトアニア支配下の正教会は、ルシ諸公国の時代に占めていた基幹宗教としての地位を失い周縁的な位置づけに置かれた。

ポーランド王国においては、シュラフタ特権こそ宗派的帰属を問わなかったが、カトリックであることが政治的キャリア形成や経済的上昇に有利にはたらき、ルテニアの在地エリート層ではカトリック改宗が相次いだ。異教時代のリトアニア大公国においては、正教徒は広範な自治を享受し、さらに文化的にも優位な立場にいたが、リトアニア大公によるカトリシズム受容の後、正教に対する風当たりは厳し

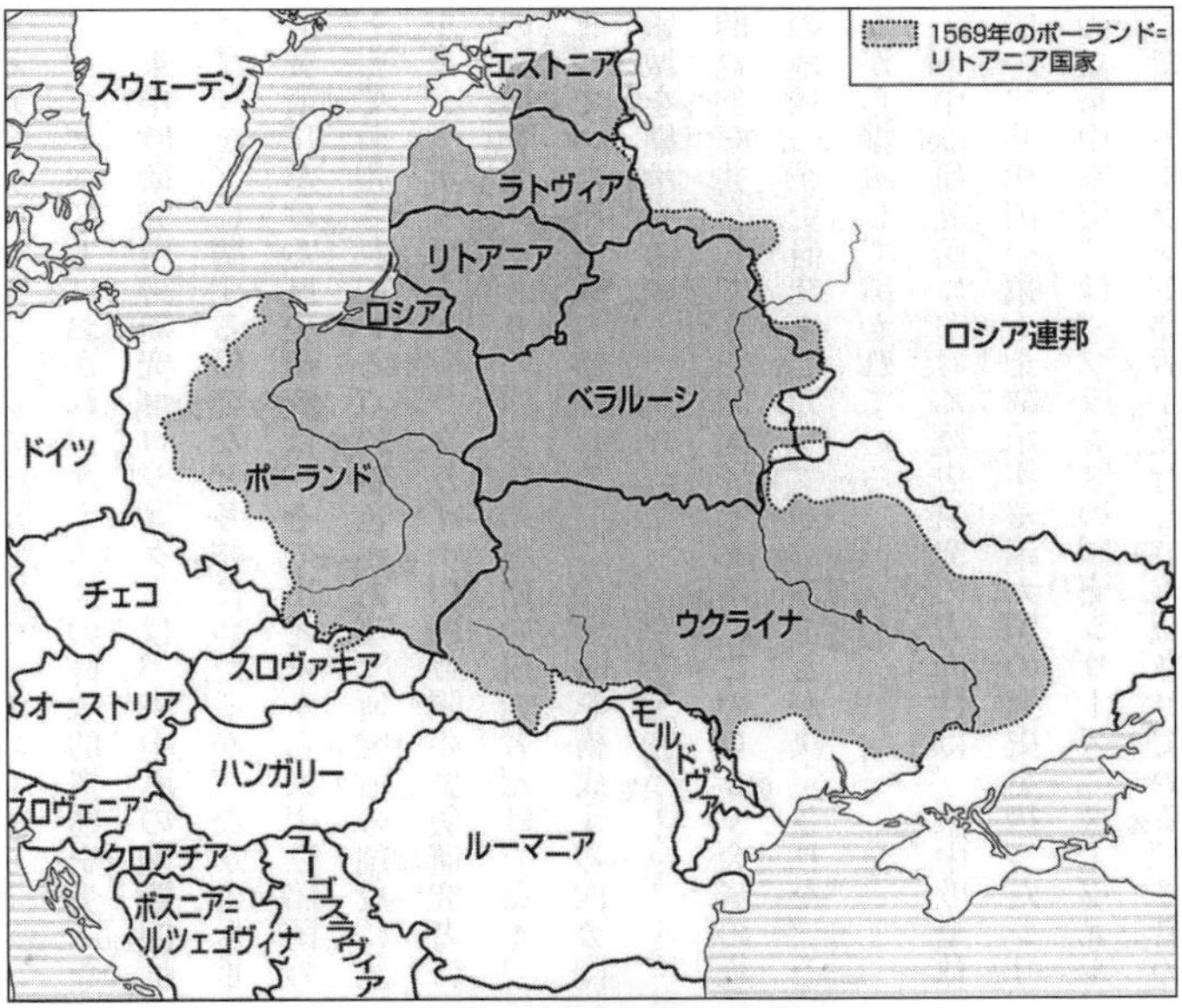

近世ポーランド・リトアニア国家の領域と現在の諸国家

くなった。一四一三年の「ホロドゥォの特権」は、地域のカトリック化を促す目的でリトアニア大公国におけるシュラフタ特権をカトリックに限定した。一四三二年の「グロドノの特権」はシュラフタ特権の適用範囲を正教徒にも広げたものの、格差の解消には結びつかなかった（一五六三年に「グロドノの特権」が再確認されたのは、その時点で正教徒に対する差別が無くなっていなかったことを裏づける）。

一四五三年にビザンツ帝国が滅亡し、上位教会であるコンスタンティノープル総主教座がオスマン帝国支配下に置かれるようになったことも、ルテニアの正教会にとって痛手となった。正教世界の教会は在地の世俗権力に従属的であったが、カトリック国ポーランド・リトアニアにおいては、ビザンツにおいて帝権が果たした役割をルテニアの各領主が担った。世俗の領主たちは、彼ら自身の宗派の如何にかかわらず、聖職叙任を含む重要な案件において正教会に対し影響力を行使した。そしてポーランド・リトアニア最大の世俗権力者としての国王もやはり、彼の王冠に属す土地の正教会に対するパトロン権（jus patronatus）の担い手であった。主教クラスの高位聖職叙任の権限もポーランド君主の手中にあった。在地の正教貴族には庇護者としての役割がとりわけ期待されたが、ルテニア貴族のカトリック改宗が増加した結果、正教貴族は希少な存在となっていった。

正教徒のなかで、正教貴族の領民や、非正教徒ではあっても宗教的に寛容な領主にめぐまれた者はさいわいであった。反対に厳しい状況にあったのは、宗教的に寛容でない非正教徒の領主を持つ領民、そして規模が大きく複数宗派が共住する都市の正教徒であった。ルテニアの大都市は、居住地・職業の選択や聖堂建設、そしてギルドや都市行政への参画などにおいて、正教徒に対して数々の制限事項を設けていた。例えば、国王ジグムント二世アウグストが王領都市リヴィウの正教徒に対し都市行政職への就任を認める特権を賦与した際（一五七二年）、その実現はカトリック都市民によって強硬に阻まれている。他方、小規模な都市で住民の大多数が正教徒であったようなところでは、少数者のカトリックが彼らを行政やギルドから全面的に排除することは難しかった。

十六世紀になると、宗教改革運動がポーランド・リトアニアの宗派的状況を大きく揺るがした。主にシュラフタ身分に限定され、また地域的な偏りがあったものの、ポーランド・リトアニア住民の宗派的帰属が流動的になり、九六六年のキリスト教受容以来ポーランド王国の支柱であったカトリック教会の威信は脅かされる。そして、かねてから貴族層が正教会からカトリック教会に流れる傾向がみられたルテニアにおいても、貴族たちはプロテスタント諸派という新たなオルタナティブを得たのであった。

宗派選択の自由を謳う「ワルシャワ連盟協約」（一五七三年）は、ポーランドにおける宗教改革運動の最高潮、宗教的寛容の金字塔となった。しかし、その自由は概ねシュラフタ特権として理解され、領民に宗派を強制する権限の有無については明言を避けるものの、領主の宗派決定権をこそ保障するものであった。「ワルシャワ連盟協約」は正教会に対しても抜かりなく配慮してはいる（聖職禄が他宗派の人間の手に渡らないように）ものの、領主の西方教会への移行が進行中のルテニアにおいては、正教会にとって困難な状況をむしろ助長する側面も小さくなかった。

ポーランドの宗教改革運動は「ワルシャワ連盟協約」をピークに衰退し、イエズス会を中心とするカトリック側の対抗宗教改革が代わって好調の波に乗るが、これはルテニアの正教貴族のカトリック改宗を加速させ、一旦はプロテスタント諸派に改宗していた者たちも最終的にカトリックへと誘われる結果となった。国家における威信を取り戻したカトリック教会が政治的・文化的優位を専有する方向へ向かっていたことを考えると、ルテニア貴族がポーランド・リトアニア国家においてその身分的出自に相応しい地位を築くための処世術としてカトリックに改宗することは自然な選択であった。プロテスタント諸派に反撃を加えたカトリックの対抗宗教改革は、ルテニアの正教会にとっても大きな打撃となったのである。

対抗宗教改革と教会合同

十六世紀半ばを迎え、対抗宗教改革の波に乗るカトリック教会で教会合同への関心が再燃した。率先したのは暦法改訂で知られる教皇グレゴリウス十三世であった。彼は一五七三年に教皇庁に「東方聖省《ギリシア》」を設置し、さらに正教会、マロン派教会、アルメニア教会との合同へ向けて宣教師を養成する複数のコレギウムをローマに開校した。また、ギリシア出身者にローマの聖アタナシウス教会が提供され、ビザンティン式典礼での礼拝を行わせた。

一五八一年に、彼はイヴァン四世の依頼を受けてモスクワ大公国とポーランドとの和平調停役を引き受け、このとき使者としてモスクワに派遣されたのが『モスコヴィア』（一五八六年）を記すことになるイエズス会士アントニオ・ポッセヴィーノであった。ポッセヴィーノのはたらきかけにより、戦況が有利であったポーランド国王ステファン・バトリが折れて講和締結に応じ、一方ツァーリは、対オスマン神聖同盟への参加、さらに教会合同に向けての交渉に応じる気配を見せた。しかしモスクワの正教会をローマとの合同に誘う計画は不発に終わった。

グレゴリウス十三世による入念な下準備にもかかわらず、フィレンツェ教会合同の再現は現実的ではなかった。モスクワは頑強であり、そしてローマと積年の敵対関係にあったオスマン帝国の支配下の正教会がローマとの教会合同を許される由もなかった。対して、ポーランド・リトアニアに限定すれば、これほど教会合同にうってつけな場所もなかった。東西キリスト教の境界域がカトリックの単一王権のもとにあったポーランド・リトアニアは、教会統一の理念を具現化するのに最適な条件を備えていた。キエフ府主教座教会にはフィレンツェ教会合同が短期間持続した歴史もあった。ルテニアはモスクワ大公国との国境地帯であり、ツァーリの触手がいつ伸びても、そして正教徒である住民が正教君主を待望しても不思議ではなく、ポーランド・リトアニアにとって危険の潜在する地域であった。教会合同の構想は、正教徒ルテニア人をいかにポーランド・リトアニア国家に末永く留め置くかという課題に対する解決策でもあった。

ルテニアのプシェミシル（現ポーランド領）近郊出身のスタニスワフ・オジェホフスキは、カトリック司祭であり政治思想家でもあったが、東西両教会にルーツを持つ出自も手伝い、教会合同理念について筆をふるった。正教とカトリックの本質的差異を使用言語と典礼の違いにみたオジェホフスキは、その差異は合同を妨げるものではないと考えた。同時代の卓越した人文主義者でオジェホフスキの論争相手であったアンジェイ・フリチ＝モジェフスキもエキュメニズム構想に理解を示した。『カトリック信仰告白』（一五五三年）の著者で、ポーランド・リトアニアでの対抗宗教改革成功の立役者であった枢機卿スタニスワフ・ホジウシュも教会合同計画を支持していた。

そして誰にも増して教会合同の実現に意欲を燃やしたのは、イエズス会士であった。スペイン、ポルトガルの世界進出に乗じ非キリスト教世界への宣教に果敢に挑んでいたイエズス会は、ユーラシア大陸をロシア経由の北ルートで東進する野望をも温めていた。ポッセヴィーノのモスクワ派遣もそうした壮大な構想の一端であった。ポーランドのイエズス会にはスタニスワフ・ヴァルシェヴィツキ、ベネディクト・ヘルベストら教会合同推進派が揃い踏みしていたが、とりわけピョートル・スカルガがブレスト教会合同の成立に果たした役割は大きい。

懺悔聴聞僧として国王ジグムント三世ヴァーザの信任も厚いスカルガは、一五七七年に教会合同論『単一の司牧者のもとでの神の教会の統一について』を著し、キエフ県知事コステャンティン＝ヴァシーリ・オストロスキー（ポーランド語でコンスタンティ＝ヴァシル・オストログスキ）に献辞を宛てた。同時代屈指の大貴族《マグナート》であるオストロスキーは、正教信仰を堅持する数少ないルテニア・エリートを代表する存在であった。

イエズス会士たちの提唱する教会合同構想は、クラクフ大学教授で王宮づきの説教師であったスタニスワフ・ソコウォフスキ、ヴィルニュス司教イェジ・ラジヴィウ、リヴィウ大司教ヤン・ディミトル・ソリコフスキらカトリック教会の重鎮から好評を得たものの、肝心のオストロスキーから期待された反応は得られなかった。オストロスキーは教会合同の理念そのものには共鳴するところがあったものの、コンスタンティノープル総主教座やモスクワ府主教座と離れて単独でローカルな教会合同を企てることには反対であった。オストロスキーから思わしい返答が得られなかったこと、そしてグレゴリウス十三世の次の教皇シクストゥス五世が教会合同に対して慎重を期したこともあり、教会合同の計画は一旦滞りをみせた。水面下での動きは継続され、事態が大きく動き出すのは一五九〇年代に入ってからのことである。

正教世界の状況

以下では正教会に目を転じたい。対抗宗教改革という外的要因だけでなく、正教世界内部の情勢もまた、ルテニアの正教会を教会合同へと向かわせしめた重要な要因であった。

かつてコンスタンティノープル総主教座がビザンツ帝権とともにあったことで微弱ながら有した正教世界全体に対する権威と求心力は、オスマン帝国の支配下で失墜し、そのことが台頭著しいモスクワの正教会の独立を招いた。一五八九年、モスクワ府主教座はコンスタンティノープル総主教の同意のもと総主教座に昇格し、その結果、対外的にどこに属すこともなく専らツァーリの権力と結びつく独立教会となった。モスクワ総主教座の誕生は古代からの「五総主教制《ペンタルキア》」の秩序を揺さぶる一大転機であったとともに、キエフ府主教座教会、ひいてはポーランド・リトアニア国家にとっても脅威として受けとめられた。モスクワ府主教座はキエフ府主教座から分岐した教会で、両教会の歴史的所縁は明らかである。そして、キエフ・ルシの継承者を自認するモスクワ君主（イヴァン四世以降「全ルシのツァーリ」を名乗る）

がポーランド・リトアニア領のキエフ府主教座教会に対するモスクワ総主教の管轄権、さらにはルテニアの領有までも主張する可能性は容易に想像された。

こうした危険を回避する手段として浮上したのが教会合同であった。キエフ府主教座をモスクワと同格の総主教座に昇格させることでモスクワの思惑を挫くことも想定されたが、モスクワを手放したばかりのコンスタンティノープル総主教座が容易く合意するとは考えにくかった。それに対して、教会合同によってキエフ府主教座がローマの傘下に入ることは、カトリック国としてのアイデンティティを再認しつつあるポーランド・リトアニアの利害にも合致したより現実的な方法と思われた。

ルテニアの正教徒たち

キエフ府主教座がローマとの合同に至るまでの過程をひもとく前に、十六世紀後半当時のルテニアの正教会の状況を顧みておきたい。

ポーランド・リトアニアにおける正教会は、寛容の対象でこそあれ、カトリック教会が国家において占めた位置づけからは程遠いところにあった。正教会高位聖職者は、元老院に議席を持つカトリック高位聖職者のように国政に参加するすべを持たず、また正教徒の都市民も主要都市において都市行政から排除されていた。国政の場で発言権を持つ世俗貴族のみが、国家における正教会の利害を代弁できる存在であった。このため貴族が他宗派に流出することは、正教会にとって深刻な痛手であった。

正教徒たちは、貴族層が次々にカトリックやプロテスタントに改宗し、伝統的な正教文化がルテニアにおいて周縁化してゆく状況をただ静観してはいなかった。正教の護り手を自認し敢えて正教会に残留した貴族たち、そしてカトリックとの摩擦の中で自らの宗派的アイデンティティに敏感になった都市民たちは、東方《ギリシア》の上位教会との繋がりの維持に努めつつ、ルテニアにおける正教文化の維持と発展に多大な貢献をなした。

同時代のルテニアにおいて最大の影響力を誇った人物はオストロスキーであった。ヴォルィン県（現在はウクライナの西北部）を中心に多くの所領を持つ、ポーランド・リトアニアで最も富裕な貴族であったオストロスキーは、父祖代々の正教信仰に重きを置く一方、多方面に人脈をもちカトリックやプロテスタントとの交友も盛んであった。その影響力と教会への関心の高さから、カトリック側の教会合同論者、スカルガやポッセヴィーノ、教皇特使アルベルト・ボロネッティらは、彼をこそ、合同を呼びかけるべき相手と見据えた。オストロスキーはポーランド・リトアニアでのローカルな教会合同を説くスカルガの著書を退けたものの、エキュメニズムそのものには肯定的であり、一五八三年には教皇グレゴリウス十三世との間に書簡を交わし、「信仰における統一とすべてのキリスト教徒の和合」への願いを表明している。しかし、キエフ府主教座の主教たちが教会合同の実現段階に入った時点では彼らとは相反する立場を明確にした。結局のところオストロスキーが長期的に手を組んだ相手はプロテスタント（とりわけカルヴァン派）であった。終生正教徒であったオストロスキーとプロテスタントとのパートナーシップは対抗宗教改革に対する政治的対抗手段であり、教会合同の後にも続く。

ラテン・カトリック的ポーランド文化による淘汰からルテニアの正教文化を守るため、オストロスキーは所領のオストログ（現ウクライナ領）に正教の学校と印刷所を設置し教育と啓蒙の拠点とした。それまでのルテニアには、初歩的な読み書きと司祭職に必要最低限の素養を仕込む教会付きの学校をおいてほかに教育施設は存在しなかった。オストログの学校はイエズス会のコレギウムとの競合を目標とし、プロテスタント知識人を協力者として招いた。その結果、ルテニアは同時代の正教世界で、学問水準において最も競争力の高い地域となる。

オストロスキーに追随したのが、都市の正教徒たちであった。「兄弟団」と呼ばれる世俗信徒の互助団体を結成した彼らは、自らの都市に兄弟団付属の学校や印刷所を開く。カトリック都市民からの抑圧に悩まされていた彼らに、オストロスキーをはじめとする正教貴族たちが援助の手を差し伸べた。モスクワで最初に活版印刷を行ったイヴァン・フョードロフも、ルテニアの地に活路を見出しオストロスキーや兄弟団の発注に応えた。

このように広域的に展開された正教会世俗信徒の活動は、在地の高位聖職者たちとの間には緊張を生んだが、希薄になっていた東方の上位教会との結びつきは強化された。東方の総主教たちもポーランド・リトアニアやモスクワとの繋がりをオスマン帝国における自らの切り札と考え、ルテニアの教会への関心を高めていたのである。主要都市の兄弟団は総主教から「総主教直属《スタウロペギア》」のステイタスを賦与され、在地の主教の管轄から自由となった。

一方で東方の上位教会は、決して在地の主教たちを度外視したのではなかった。むしろ、キエフ府主

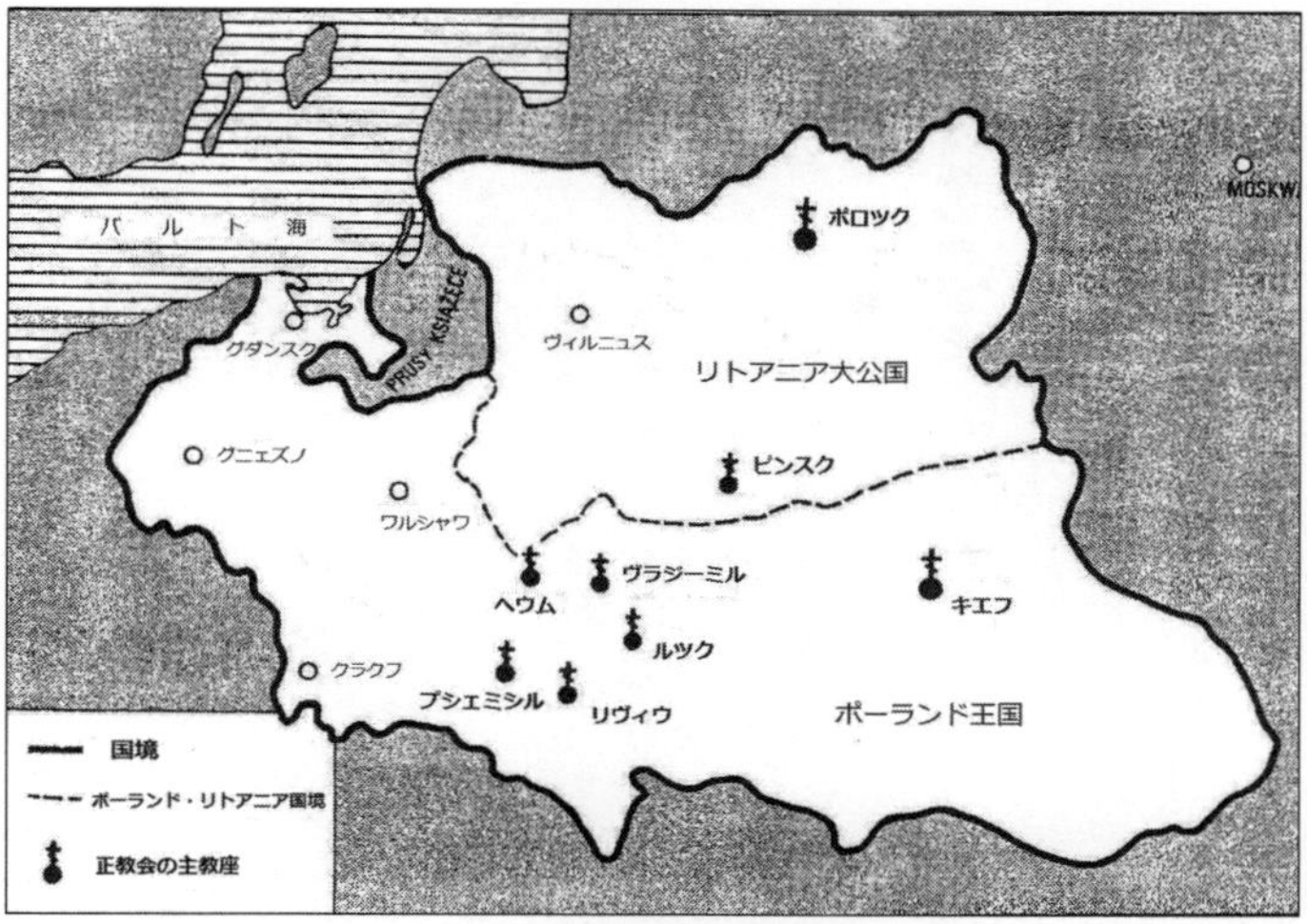

16世紀末ポーランド・リトアニアの正教会主教座管区

教座がコンスタンティノープル総主教座に属すという既成の事実を盤石不動とすべく、ルテニアの高位聖職者に対する手綱を強めようとしたのである。コンスタンティノープル総主教イェレミアス二世はルック主教キリル・テルレッキーを「総主教代理《エクサルコス》」に任命し、自らとルテニアの主教たちとのパイプ役としての役割を期待した。だがこの人選は吉とは出なかった。野心的なこの人物に対してはルックのカトリック司教ベルナルド・マチェヨフスキやポーランド王国大法官ヤン・ザモイスキが教会合同を打診し、正教世界への帰属よりもポーランド・リトアニアにおける地位の向上を優先したテルレッキーは彼らからの誘いに乗るのである。

教会合同への道

テルレツキーを筆頭に、上位教会からの干渉を疎んじていたキエフ府主教ミハイル・ラホザ、地元の兄弟団と長期的に対立していたリヴィウ主教ゲデオン・バラバンら、ローマとの合同案に傾倒するようになったルテニアの主教たちは、イェレミアス二世が教会の内部規律強化を目的に定期開催を命じた教会会議において、合同計画の具体化を進めた。最初の二回の教会会議は、本来の意図に沿って教会の内部改革を議題とした。リヴィウとヴィルニュスの兄弟団からの代表も世俗信徒としては例外的に傍聴を許された。しかし教権強化をのぞむ主教たちは世俗勢力からの抵抗を予想し、在地の有力貴族や東方の総主教たちを上回る強大な後ろ盾の必要性を確信するに至る。

ついに教会合同への第一歩をしるしたのは、一五九〇年にソカリ（現ウクライナ領）で催された主教たちの会合であった。同年六月二十四日、ブレストでの教会会議で四名の参加者（ルック主教テルレツキー、ピンスク主教レオンチー・ペリチツキー、リヴィウ主教バラバン、ヘウム主教ディオニーシー・ズビルイスキー）が、典礼の維持を含む条件付きでの教会合同への意志を表明し、テルレツキーによって国王ジグムント三世に報告された。国王は一五九二年三月十八日の布告において彼らの計画を支持し、国外（東方の総主教たち）の圧力から彼らを守り、合同成立のあかつきには主教の権限が強化されることを約束し、同年五月十八日にもこの内容が確認された。

この時点で、教会合同計画にまた一人のキーマンが加わる。亡くなったヴラジーミル（現ウクライナ領のヴラジーミル＝ヴォルィンスキー）主教メレーチー・フレプトヴィチの後任に国王が指名したイパーチー・ポチェイである。彼は直前まで世俗の要職（ブレスト城代）にあった元老院議員で、過去にカルヴァン派であった経歴から西方教会にもよく通じていた。教会合同を是が非にでも実現するために、品行と教養の芳しくないテルレツキーが主謀者では心許なく思い、国王が寡夫となっていた彼に白羽の矢を立てたのである。ポチェイは同時代の正教会聖職者としては比類のない教養を持ち、のちにルテニアでの宗教論争において東方教会聖職者自らが筆を執る最初の例を示した。

一五九四年のトルチン（現ウクライナ領）（六月）、ソカリ（十二月）での協議を経て、合同の諸条件は具

イパーチー・ポチェイ
正教会、のちに合同教会ヴラジーミル主教（1593－1599）、合同教会キエフ府主教（1599－1613）

体性を増していった。この頃にはオストロスキーが計画に加わる見込みは潰え、正教会高位聖職者とカトリック聖職者の間での共同作業体制が確立されていた。同年十二月にノヴォグルデクで作成され、途中で計画を離脱した二名を除く全主教の署名が寄せられた文書が、府主教ラホザからザモイスキへとゆだねられる。この文書にはキエフ府主教の地位と権威と特権の維持、主教たちのカトリック司教たちとの同権、東方の総主教の干渉からの保護といった、のちの「三十三箇条」の骨子となる諸条件が出揃っている。

そして九五年に、主教たち相互の、そしてカトリック側との数年にわたる意見交換の集大成として、さらに具体的で詳細な「三十三箇条」(第二章参照)が完成する。フィリオクェに関する項目や世俗生活における新暦受容を匂わせる項目などは九四年以前には見られず、九五年になってクラクフで持たれた協議の際にカトリック側が追加させたものと思われる。

正教会内の不一致

ブレスト教会合同は成立のその時から問題を抱えていたが、その萌芽は準備の段階で既に生じていた。教会合同はキエフ府主教座教会の総意ではなかった。オストロスキーの、世俗の有力者としての、そして理想主義的エキュメニストとしての立場は、教権優位を主張してローカルな教会合同を求めた主教たちの立場とは乖離していた。ノヴォグルデク知事フョードル・スクミン＝トゥィシケーヴィチら他の正教貴族も同様に、主教たちの計画からは外されていた。総主教の権威と直接に繋がり在地の主教権力と競合するところのあった諸都市の兄弟団が合同計画から排除されたのは当然のことであった。

そればかりか、主教たちの団結も、合同成立前に早くもほころび始めていた。計画の中心にいたポチェイとテルレツキー、また府主教ラホザは確信的に合同を目指していたが、他の主教たちには特に主体的に動いた形跡はなく、受動的で日和見的な立場をとっていた可能性が高い。リヴィウ主教バラバンが教会合同に傾いた最大の要因はリヴィウ兄弟団との対立であり、兄弟団との和解の道筋が見えるやいなや、彼はポチェイやテルレツキーから距離を置くようになった。バラバンは、プシェミシル主教ザハリヤ・コプィステンスキーとともに合同反対派の陣営に寝返ることになる。

ブレスト教会会議

一五九五年、ブレストの教会会議で「三十三箇条」が完成する。六月一日（新暦では十一日）付のこの文書には、五名の正教会高位聖職者が自署した。予め用意されていた印章を添付することで全主教の総意であるかのように装われているが、実際には半数の主教がその場にいなかった。その中の一人バラバンはその頃、リヴィウ兄弟団との和解を取り持ったオストロスキーに接近していた。バラバンは、ポチェイとテルレツキーらが教会合同を画策中であることを知るオストロスキーの意を受けて立場を翻し、合同派主教たちを非難するようになっていた。

「三十三箇条」は七月十七日に国王に提出され、国王は七月二十八日、三十日、八月二日付の布告を「三十三箇条」に対する回答とした。これらにおいて国王は、主教の叙任方法、主教の権力、教会の資産などに関して「三十三箇条」の要求実現に言質を与えている。しかし元老院の議席の問題についての決定権は議会にあるとされ、また東方教会の聖堂を西方教会に変えないことについては王領地に関してのみ約束がなされている（私領においては各領主に裁量権がある）。「三十三箇条」の完全な実現が困難となろうことは、この段階で既に明らかになりつつあった。

同じ年の夏にはまた、合同反対派たちが合同阻止に動き始めていた。リヴィウでは主教のバラバンと兄弟団が合同反対の立場で一致し、またヴィルニュスにおいてはカルヴァン派貴族クシシトフ・ラジヴィウが合同反対派の正教徒都市民を支持したが、その背景にはオストロスキーを基軸とするプロテスタントと正教の対カトリック共同戦線があった。同年八月のトルンでのプロテスタント諸派の会議は、「サンドミェシュの和約」（一五七〇年）の精神に則った超宗派的結束を確認するとともに、プロテスタントと正教との同盟構想を決議に導いている。ルテニアと交流の盛んなモルドヴァの正教会も教会合同計画を察知し、八月十七日付の文書でポーランド・リトアニアの正教徒へ向けコンスタンティノープルへの忠誠を尽くすよう呼びかけた。

駐ポーランド教皇特使ゲルマニクス・マラスピーナは、枢機卿イェジ・ラジヴィウ（カルヴァン派のクシシトフのまたいとこ。当時クラクフ司教の地位にあった）やリトアニア大公国大法官レフ・サピエハからルテニアでの不穏な雲行きについて報告を受け、ポチェイとテルレツキーのローマ派遣を躊躇した。しかしポチェイとテルレツキーは彼を説き伏せ、九月末にローマへと旅立った。

教会合同の成立

マラスピーナから「三十三箇条」の内容について予め報告を受けていた教皇庁は、五名の枢機卿からなる委員会にその内容を検討させた上で、代表二名の到着を待ち構えていた。ポチェイとテルレツキーは、マラスピーナとスカルガからの推薦状を携えて教皇に謁見する。十二月二十三日、サン・ピエトロ大聖堂において、二人はキエフ府主教の名代として教皇クレメンス八世の足元にひれ伏して恭順の意を表明し、カトリックの信仰告白を読み上げた。キエフ府主教座教会はこうして、厳かにカトリック教会に迎え入れられた（ルテニアに残った主教たちはマチェヨフスキの導きでカトリックに帰順した）。

教会合同にあたって二通の教書「偉大なる主 Magnus Dominus」（九五年十二月二十三日）、「ローマ司教の喜悦 Decet Romanum Pontificem」（翌年二月二十三日）が発された。前者は東方典礼を、後者は府主教と主教の就任方法（「三十三箇条」の第十、十一項目）を容認しているが、「三十三箇条」全体を保証する文言はいずれにも見られない。代表の二人は歓待を受けたものの、ヴァティカンが彼らを交えて合同の諸条件について改めて協議したことを示す痕跡はない。ローマにとっては教義や教皇首位に関する条項が専らの関心事であり、「三十三箇条」の大半を占めるルテニア現地の問題はただ受け流されたとみてよいだろう。

ヴァティカンは「取り戻されたルテニア人Ruthenis Receptis」と刻印されたメダルを鋳造した。道を外れたルテニア人が正しい教会に回帰したことを記念するものである。「偉大なる主」は次のような文言を含んでいる。「ルテニアのキリスト教徒たちはキリストの体である教会の一員ではなかった。なぜならばその教会の頭部である至高なるローマ司教との繋がりが彼らになかったのであるから」「キリストの牧人、救いの方舟、岩の上に建てられた家の中に、彼らはいなかった」。クレメンス八世が正教会を姉妹教会とは見なさず、教会合同を単なる「帰一」かのように理解していたことが読み取れよう。

帰国したポチェイとテルレツキーを迎え、九五年十月六日に再びブレストで教会会議が開かれた。府主教ラホザ、帰還した二名に加え、ヘウム、ポロツク、ピンスクの各主教、三名の掌院、これら高位聖職者に随行する聖職者たちが、ブレストの聖ニコラウス聖堂に集まった。カトリック教会を代表して、リヴィウ大司教ソリコフスキ、ルツク司教マチェヨフスキ、ヘウム司教スタニスワフ・ゴモリンスキが、世俗サイドからは国王の代理としてトロキ県知事ミコワイ・クシシトフ・ラジヴィウ、リトアニア大公国大法官レフ・サピエハ、ブレストの国王代官ディミトル・ハレツキが参列した。スカルガをはじめ、合同の理論的先導者たちも顔を揃えた。会議はキエフ府主教座の帰順がローマに受け入れられたことを確認して教会合同を改めて決議し、国王は十二月十五日付の布告でこの決議を承認している。国王の布告は、しかし、典礼の維持や旧暦での祭日挙行など、主教たちの要求への断片的な回答を含むものの、「三十三箇条」総体を保証する文書というには程遠い。一年前のブレスト教会会議とは異なり、「三十三箇条」は九六年のブレスト教会会議の中心にはなく、その後改めて光が当てられることもなかった。

合同派の間ですらその後大きく取りあげられることのなかった「三十三箇条」である。まして合同反対派の人びとには、合同派の主教たちがローマやワルシャワに提示した要求の詳細は正確に把握されぬままであった。そして、現実にポーランド・リトアニアにおける合同教会の地位を保証し規定することになったのは、「三十三箇条」ではなく、教皇の教書や国王の布告であった。「三十三箇条」が同時代のルテニアで遍く知らしめられなかったことは、その後の教会分裂が収束不能に陥った要因の一つとも考えられる。合同に反対した人びとの動機は多様であったが、教会合同をラテン化そのものと解した人びとも少なくなかったのである。

教会会議開催の日、ブレストは不穏な空気に包まれていた。オストロスキーをはじめとする反対派たちが、合同成立を阻止すべく集結していたのである。合同反対派は聖ニコラウス聖堂へ乗り込もうと試みたものの国王の意を受けた厳重な警備に退けられ、ブレストのカルヴァン派貴族の私邸に参集した。この対抗シノドともいうべき集会にはリヴィウ主教バラバンとプシェミシル主教コピィステンスキーの姿があった。ローマでは、キエフ府主教以下すべての主教が帰順したことになっていたが、実際にはリヴィウとプシェミシルの主教座管区はそれぞれ一七〇〇年、一六九二年までは合同反対派であった。キエフ府主教座教会はこの日をもって、合同派と合同反対派とに分裂したのである。

ルテニアの教会分裂とプロテスタント

これ以降ルテニアには、それぞれが正当なキエフ府主教座教会を自認する、二つの東方典礼教会が並存するようになる。一方はローマに帰一した合同派の教会、もう一方は合同を拒否しコンスタンティノープル総主教座のもとに残った教会である。本書では以下、合同派の教会を「合同教会」、合同反対派を「正教会」と呼ぶ。

正教徒たちはプロテスタント諸派との共闘を続け、一五九七年十月にはリトアニア大公国のスロニム（現ベラルーシ領）でのカルヴァン派の集会で正教との合同が議題の一つに挙がっている。九九年五月にはヴィルニュスでプロテスタントと正教徒の共同集会が開かれ、「ワルシャワ連盟協約」の確約する宗派選択の自由の実現を求めて議会・地方議会で一致協力する方針が示された。サンドミェシュ三宗派（ルター派、カルヴァン派、チェコ兄弟団）と正教との合同構想も具体性を帯び始めた。チェコ兄弟団のシモン・テオフィル・トゥルノフスキが正教とプロテスタンティズムの共通認識を諸項目にまとめ上げた「東方教会信徒とのヴィルニュスでの対話」が東方の総主教たちに打診された。プロテスタント諸派と積極的交流を持ったことで知られる後のコンスタンティノープル総主教キュリロス・ルカリスが、ちょうどこの時期にアレクサンドリア総主教の総主教代理としてルテニアに滞在していたが、当時は彼のプロテスタンティズムへの傾倒はまだそれほど明確にはなっていなかった。ポーランド・リトアニアのプロテスタントと正教との合同構想はオスマン帝国の正教会から反響を呼ばず、正教－プロテスタントの共闘はポーランド・リトアニアの政治舞台に限られた。

最盛期には正教徒を偶像崇拝者として一蹴していたポーランド・リトアニアのプロテスタントたちは、対抗宗教改革を前に利害を共有する正教徒に歩み寄ったのである。議論に秀でたプロテスタントの著述家たちは正教徒の代作者としても活躍した。スカルガの『唯一の司牧者のもとでの神の教会の統一について』に対する返答の書はソッツィーニ派のモトヴィウォが手掛け（一五七七年）、やはりスカルガの書いた『ブレスト教会会議とその擁護』（一五九七年）への反論『返答《アポクリシス》』（一五九七年）はチェコ兄弟団のマルチン・ブロニェフスキが架空のルテニア人正教徒の名で発表した。

正教徒の庇護においても、プロテスタント貴族の貢献が大きかった。特に合同派が優勢なリトアニア大公国においてこれは顕著で、ヴィルニュスの聖三位一体修道院が合同派の手に落ちたのに対し、同じヴィルニュスに一五九六年に設立された聖霊修道院を砦とした正教修道士たちの後ろ盾となったのは正教貴族およびカルヴァン派貴族であった。ヤヌシュ・ラジヴィウを代表格とするラジヴィウ家のプロテスタント・メンバーや、アブラモヴィチ家、スタヴロフスキ家は、地域の正教徒を積極的に保護下に置いたことで知られる。正教の聖堂や修道院はプロテスタント貴族の所領に多いという事実も認められる。プロテスタントと正教徒はユリウス暦を共同で印刷し、十七世紀には正教－プロテスタント間の婚姻も微増した。

プロテスタントと正教徒の協力は、ポーランド・リトアニアにおいて彼らが置かれた立場の近似からみて必然であった。十七世紀にポーランド・リトアニアは相次ぐ戦乱に見舞われるが、謀反者や侵入者、外敵はことごとくポーランドとは宗派を異にし（ウクライナ・コサックとモスクワ大公国は正教、スウェーデンはルター派、トランシルヴァニアはカルヴァン派、オスマン帝国はイスラム）、ポーランドの愛国心は否応なくカトリシズムと結びついた。こうした状況は国内の非カトリックには逆風となり、彼らをますます周縁へと追いやることになった。逆境の中での正教徒とプロテスタントの協調は十八世紀にも細々と続き、一七三五年にはポーランド・リトアニアの反体制派がペテルブルクを訪問し、抑圧された三宗派（正教、ルター派、カルヴァン派）に対する支援をツァーリに陳情している。一七六七年の「スルツク連盟」は非カトリック諸派による最後の同盟で、ワルシャワに対して信教の自由を求める一方、諸外国（ロシア、プロイセン、スウェーデン）に支援を要請した。

本章の最後に、ブレスト教会合同について総括したい。

教会合同にあたって正教側が提示した諸条件「三十三箇条」のうち、教義に関する諸項目の分量はごくわずかである。「三十三箇条」の大部分には当時のポーランド・リトアニアでルテニアの正教会が面していたさまざまな問題が織り込まれている。教会合同には、何よりもそれらの解決が期待されていた。主教たちの切実な声を反映する諸項目が大きな比重を占めていることは、彼らがそれだけ主体的に教会合同に関わったことを証明する。

「三十三箇条」における彼らの要求の主眼は、ローマ・カトリック教会との同権、そして東方典礼の維持である。

前者に関しては、要求は満たされずに終わった。密室的に計画されたブレスト教会合同に対して議会の理解を得ることは難しく、ルテニアの高位聖職者に元老院の議席が認められることはなかった。合同教会は二級の教会としての位置づけに甘んじ、在地の貴族が専らローマ・カトリックへと流出した結果、農民主体の教会とならざるを得なかった。「支配者層＝ローマ・カトリック＝ポーランド人」に対する「被支配者層＝合同教会（または正教会）信徒＝ルテニア人」という構図は、ポーランド王国領（ウクライナ）とリトアニア大公国領（ベラルーシ）に共通した。長期的にみれば、ポーランド分割後のオーストリア領ガリツィアにおいて合同教会はついに名目上ローマ・カトリックと等しい地位に上がる。しかしガリツィアにおけるポーランド人優位の社会構造が不動である間は、ローマ・カトリックとの真の対等性は望まれえなかった。

一方、東方典礼に関しては今日に至るまで根本のところでは維持されてきた。しかしカトリック教会の中にあってラテン化を完全にまぬがれることは避けがたかった。戦後の「第二ヴァティカン公会議」においてラテン典礼が相対化され東方典礼の尊重が強調されるまでは、ラテン化を促す力は巨大なものであった。この問題に関しては次章以降であらためて触れることにする。

最後に、ルテニア地域ひいてはポーランド・リトアニアにとってのブレスト教会合同の最も甚大な所産は、キエフ府主教座教会の分裂であった。分け隔たったものを統合に導くはずの合同がルテニアの正教会を二つに分断し、ポーランド・リトアニアを宗派的に一層細分化するという逆の作用をもたらしたのである。

ふたつの東方教会

ルテニアの合同教会は緊迫した状況のもとで発足した。教会合同は、東西教会分裂、さらには宗教改革運動によって進行するキリスト教世界の断片化に歯止めをかけ、かつカトリック国であるポーランド・リトアニアへのルテニア地域の統合を盤石のものとするはずであった。ところが、キエフ府主教座教会が二分されたことで実際には断片化が促進されたのである。

世俗の正教貴族は正教徒に対する権利の侵害であるとして教会合同を弾劾し、プロテスタント貴族と協力して議会の案件とした。合同反対派の司牧活動を非合法とした教会合同は貴族の宗派選択の自由に背反する側面を持つことから、カトリック貴族のあいだにも彼らを支持する者がいた。そのため、合同反対派には一定の譲歩が示されざるを得なかった。合同撤回の求めこそ退けられたが、一六〇七年の議会で合同反対派の教会の存在が容認され、一部資産の保有も許された。一六〇九年の議会ではリヴィウとプシェミシルの合同反対派の主教座が合法とされた。一六二〇年にイェルサレム総主教テオファネスによって新たに興されたキエフ府主教以下の反合同派ヒエラルヒーは、ジグムント三世存命中は非公認の状態にあったが、一六三三年に新しい君主ヴワディスワフ四世の承認を受ける。

こうしてポーランド・リトアニアに二つの東方教会が並存する状況が既成事実化したが、主教座管区の重複が宗派対立の激化を招き、合同派のポロック主教ヨサファト・クンツェヴィチ殺害の要因ともなったため、一六三五年に、両教会の主教座が同じ都市に重複しないよう調整がなされた（キエフ府主教座のみは両教会とも保有。ただし合同派のキエフ府主教はノヴォグルデクかヴィルニュスを住まいとした）。しかしこうした措置も聖堂や修道院ごとの所有権をめぐり頻発した係争に終止符を打つことはなかった。

十七世紀前半にはポーランド・リトアニアが「動乱《スムータ》」に乗じてモスクワに内政干渉を行い、ジグムント三世の王子ヴワディスワフをツァーリとして迎えることを認めさせた。モスクワをヴァーザ家の王朝連合に加えることでポーランド・リトアニアはさらに東方へ拡大し、そしてモスクワの正教会を教会合同に加わらせるという算段であった。こうした遠大な目論見をよそに、ルテニアの地では教会合同に対する抵抗はやむことがなかった。

合同反対派のヒエラルヒーと教区組織がポーランド・リトアニアでの合法性を回復したことで正教貴族は宗派選択の自由を確保したものの、正教会と合同教会との熾烈な競合・対立は継続した。争いは民衆レヴェルで特に先鋭化しやすく、また反カトリック意識の強い東部へゆくほどに危険性は高かった。十七世紀前半から中盤にかけてのルテニアの宗派対立は、合同教会、正教会、さらにはローマ・カトリックからも殉教者を出した。とりわけウクライナ・コサックの手にかかって落命したカトリックや合同教会の聖職者は少なくない。ドニプロ川流域に台頭したコサック勢力は、十六世紀後半より正教の守護者として振る舞うようになり、教会合同に断固として反対し合同反対派の支持を得た。一六四八年に勃発した「ボフダン・フメリニツキーの蜂起」も護教の旗印を掲げ、ポーランド領主の宗派であるカトリック、父祖の信仰を捨てた背信者である合同教会、そして「領主の犬」ユダヤ教徒を標的とした。

両教会の発展

分裂し相対した二つの東方教会は、教会合同の前に進行していたオストロスキーや兄弟団の活動をそれぞれに引き継いだ。それぞれが教会合同の正当化または教会合同への弾劾を文章のかたちで世に問い、宗教論争が活発に行われた。論争は、合同派と合同反対派との対立項を鮮明にすることで不和を助長する側面を持ったものの、著述・出版活動を活性化させてルテニアの東方教会信徒の知的水準向上に貢献した。書物での論争においても、合同教会と正教会の背後にはそれぞれカトリックとプロテスタントがつき、初期に筆をふるったのはむしろ彼らであったが、時代が進むにつれ合同教会のポチェイ、正教会のメレーチー・スモトリツキーをはじめ東方教会の著述家も活躍するようになった。

ポーランド・リトアニアにあったことで、ルテニアの東方教会は宗教改革と対抗宗教改革、そして各教会が競うように宗派《コンフェッション》を形成する渦に引き込まれた。分裂が常態化する過程で二つの東方教会はそれぞれのアイデンティティを確立してゆくが、これを西欧で進行した宗派形成に擬することもできよう。ルテニアの正教会は府主教ペトロ・モヒラによって改革され、さらにモヒラの門下生たちを媒介して正教の「コンフェッショナリズム」がロシア帝国に伝わる。他方、合同教会のコンフェッショナリズムは、バシリウス会の成立を経て「ザモシチ教会会議」（一七二〇年）で概ねの完成をみる。以下では、誕生からポーランド分割に至るまでのおよそ二世紀間に合同教会が遂げた発展を、競合関係にあった正教会と対照させながら概観する。ルテニアの東方教会において教会合同の前後で最も顕著に変わったのは、世俗勢力に代わって聖職者が改革のイニシアチブをとるようになった点である。合同派の主教たちが自ら主体となって合同の実現に動き始めた一五九〇年代初頭に、この変化の兆しを見て取ることも出来るかもしれない。

合同教会の発展――バシリウス会の発足

元カルヴァン派であった合同教会ヴラジーミル主教ポチェイは、クラクフ大学などで培った教養を執筆活動に活かし、教会合同の正統性を主張した。ポチェイはラホザの死後一五九九年にキエフ府主教となり、法廷や地方議会の場で合同教会の利益擁護に奔走し、合同教会の物質的基盤づくりにも大いに貢献した。

やはり元カルヴァン派でその後ローマ・カトリック改宗を経て東方典礼カトリックとなった次のキエ

フ府主教ヨシフ・ヴェリャミン・ルツキーは、東方典礼の修道会創立に大きな功績を遺した。キエフのペチェルスキー修道院を中心とするルテニアの修道制の伝統は、モンゴル来襲とそれに続くリトアニアとポーランドの支配を経て、近世には衰退の底にあった。修道士は無教養で堕落し、妻帯や資産の私物化も横行し、信徒からの敬意も失っていた。合同をめぐって教会分裂が生じた当初、合同派の側についた修道院は少数派であった。

ルツキーは、かつてローマ留学中に交流を深めたカルメル会が東方の修道制に親和的であると考え、彼らの修道制モデルをルテニアの東方教会に移植することを考えた。しかしカルメル会側の事情とルテニアの修道士からの反発によって断念を余儀なくされ、最終的に自ら修道会を立ち上げる方向に転換した。一六〇七年にヴィルニュスの聖三位一体修道院に入ったルツキーは在地のイエズス会の助力を得て修道士の教育に携わり、府主教の座に昇るとともに修道会立ち上げの夢を実現に導く。聖三位一体修道院を皮切りに、ルツキー主導の改革を取り入れる修道院は数を増し、それらには学校も併設された。修道士には自己の魂の救済を目指すほか、発足間もない（彼ら自身はキエフ・ルシ以来の伝統の正統な後継者を自認していたが）合同教会全体の発展への貢献が求められた。

一六一七年、ルツキーと修道院での同僚クンツェヴィチは最初の総会を召集し、各修道院から代表者が集った。イエズス会士二名も顧問として名を連ねた。一六二四年に布教聖省から、一六三一年に教皇ウルバヌス八世から正式に認可を受けたこの東方教会で最初の修道会は、東方修道制の父と称えられる大バシレイオスにちなみ「バシリウス会」と命名された。「三十三箇条」の規定（第十九項目）に沿って、この修道会の最高位には府主教が君臨し、修道会を統括する実務を担う総長の任命権も府主教が有した。

バシリウス会はローマ・カトリックの修道会と競合する部分を持ちつつも協力関係を保ち、十七、八世紀を通じて発展・拡大し、信徒からの信頼と尊敬を勝ち得た。多難なスタートを切った合同教会が大きな成長を遂げたのは、この修道会と付属学校の存在によるところが大きい。十八世紀後半には二百近い修道院、千二百人を超える修道士（大半が司祭資格を備えた）を擁し、四箇所の出版拠点（リトアニア大公国のヴィルニュス、スプラシル、ポーランド王国のウニフ、ポチャイフ）と二十余りのコレギウムを抱え、ポーランド・リトアニアではピアル会に次ぐ規模を誇った。

その後の正教会――モヒラの改革

教会合同後に正教会（合同反対派）が置かれた境遇は、合同教会のそれにも増して厳しいものであった。ルテニア全体においてはむしろ合同反対派が多数を占め、高位聖職者の一部と、一般の司祭、修道士、世俗信徒の大部分が正教会の側にいた。しかし国王が合同教会を正当なキエフ府主教座教会と認めたため、正教会はポーランド・リトアニアにおける合法性を喪失する。正教やプロテスタントの世俗貴族、東方の総主教たち、コサック勢力の支えを得てからくも活動を継続した正教会がようやく本格的な再起へと至るのは一六三二年、前国王よりも宗教的に寛容なヴワディスワフ四世が即位したことによる。

この年はまた、モルドヴァ出身のペトロ・モヒラがキエフ府主教に選出されたことで正教会にとって重要な転機となった。ポーランドと西欧のカトリック系教育機関で学んだモヒラは、ルテニアで世俗信徒が取り組んでいた啓蒙的な諸活動に聖職者の立場から着手する。モヒラはキエフのペチェルスキー修道院付属学校と兄弟団の学校を統合してイエズス会的カリキュラムを導入した準高等教育機関とした（後にキエフがモスクワ領となって以降、この学校はロシアの中枢部で活躍する人材を輩出することになる）。正教世界で最初の信仰告白を記し（一六四五年）正教信仰に神学的骨格を与えたモヒラの改革は、後世の研究者に「正教の対抗宗教改革」とも評される画期的なものであった。

開明的なモヒラは合同教会の指導者ルツキーと交流を持ち、両者は「ルテニアがルテニアに」敵対する状況に終止符を打つという願いにおいて一致した。モヒラの先任者ヨフ・ボレツキーもやはりルツキーと対話し、既に一六二〇年代後半に合同派に歩み寄る可能性について正教会の中で議論されていたが、イサヤ・コピンスキーを筆頭とする強硬な反カトリックの高位聖職者や教会合同を憎悪するコサックの圧力によって見送られていた。

一六四〇年代には、モヒラと正教貴族アダム・キシル（後のキエフ県知事）を中心に、ローマとの合同というよりむしろ「ルテニアとルテニアの」統一に重点を置く新たな合同構想が練られ、モヒラはウルバヌス八世に教会合同への意思を表明した書簡を宛てた（一六四四年）。モヒラは異なる複数の物を結合する「合同 unio」と複合性を排する「統一 unitas」との違いを強調してブレスト教会合同（におけるローマ側の姿勢）を問題視し、東方の上位教会の承認を得た上でユニヴァーサルな合同への布石となるような教会合同へと修正する必要性を訴えた。

しかしモヒラの説く新たな合同は実現には至らなかった。ヴァティカンは、ルテニアの教会分裂解消の必要性は認めたものの、ブレスト教会合同を見直すべきとの提言は却下した。ローマは、ブレスト教会合同を覆す新たな教会合同によって合同教会が逆に正教に取り込まれることを警戒し、ルテニアで正教会と合同教会が教会会議を共催することを許可しなかった。一方正教会の側でも、コサックをはじめとする反カトリック強硬派はモヒラの計画を好まなかった。

当事者たちのイニシアチブでルテニアの宗派分裂を解消する好機は、こうして失われた。そして当事者たちの意思を無視した形での一方的な教会統合が、十九世紀にロシア帝国、二十世紀にはソ連において行われる。

ルテニアの分割

モヒラの指導下で改革されたルテニアの正教会は、モスクワ大公国の南方進出により、十七世紀中にモスクワの正教会に吸収される。ポーランド・リトアニアに反旗を翻したコサックのフメリニツキーがモスクワ大公アレクセイに対し臣従の意を表明した（一六五四年）ことでモスクワのウクライナへの干渉は増し、ついにポーランド－モスクワ間の講和「アンドルソヴォ協定」（一六六七年）においてキエフ市とドニプロ左岸のモスクワ割譲が決定された。そして一六八六年に正教会キエフ府主教座はコンスタンティノープル総主教座からモスクワ総主教座へと移管される。モスクワ・ロシアは、一方では西欧の影響の濃いモヒラの改革の恩恵を享受しつつ、他方ではカトリシズム、わけても教会合同を嫌悪した。モスクワとの絆を強めてゆく正教会キエフ府主教座は、ドニプロ右岸で抑圧される正教会に対する支援、そして何より合同教会の拡大阻止に心を砕くようになる。

ウクライナ・コサックが勢力を張った地域は正教会の独壇場であったが、コサック勢力圏外のウクライナ西部とベラルーシ、特に後者では合同教会が健闘していた。アンドルソヴォ協定によってルテニアがモスクワとポーランド・リトアニアの新しい国境で分断され、正教徒の比率の高い地域（キエフとドニプロ左岸ウクライナ、スモレンスク地方）がモスクワ領に入った結果、ポーランド・リトアニア領に残存したルテニア地域では形勢は一気に合同教会の有利に傾いた。合同教会はそれまで正教が優勢であった右岸ウクライナにも教区組織を拡げ、大勢の信徒と首座キエフを失ったポーランド・リトアニア領の正教会は弱体化を免れなかった。十七－八世紀の世紀転換期にリヴィウとプシェミシルの主教座管区、さらにリヴィウの兄弟団までもが遂に合同教会化したことで、ポーランド・リトアニアにおける教会合同の勝利は確定した。大北方戦争を経験する中で敵国スウェーデンとロシアの宗教、すなわちプロテスタンティズムと正教が極度に危険視された時流も合同教会にとって追い風となった。ポーランド・リトアニアにおいて非カトリックの諸教会がさらなる周縁化を余儀なくされる中、東方教会信徒にとって教会合同という選択が吉と出たのである。

合同教会とラテン化問題——ザモシチ教会会議

発足のその時から、合同教会は二つの相手との競合を運命づけられていた。一つは、ルーツを共有しながら教会合同を機に分裂し対立するようになった正教会、もう一つは、合同教会の後ろ盾でありながら一方で合同教会を脅かす存在でもあったローマ・カトリック教会である。

カトリック教会に身を置きつつ東方的な典礼・慣習を維持することが合同教会のアイデンティティの根幹をなしたが、これを貫くことは易しくはなかった。合同教会が発展する過程でラテン化は徐々に進行した。ラテン的文化が近世ルテニアにおよぼしたインパクトは、オストロスキーや兄弟団の活動、モヒラの改革にうかがわれるように、正教会においてすら明白に認められる。まして合同教会にとってはどれほど強大なものであったろうか。

一七二〇年にザモシチに招集された教会会議は、合同教会における統一的規範を明示することを目標に開かれ、ローマ・カトリックのトレント公会議になぞらえられる画期となった。教皇特使ヒエロニム・グリマルディを迎えたザモシチの教会会議には、合同教会の府主教、主教たち、バシリウス会の指導者層をはじめ、教区司祭たち、世俗信徒の代表者も馳せ参じた。東方典礼の維持を合同教会の存在意義としつつ、教皇に帰依しローマと教条的に合致していることの自覚を教区レヴェルで浸透させるシステムを確立することが会議の眼目であった。司祭の資質とモラルの向上、記録義務と上層部への報告義務、主教の巡察義務が厳格化され、中央集権の徹底が図られた。主教の行政上の役割、教区民の教化、秘蹟執行のありかた等々に関わる指針が示され、これら決議事項は一七二四年に教皇の認可を受けた。

司祭の教育水準向上のため、各主教座管区にセミナリア設置が命じられ、設置困難な管区からは優秀な者を選抜してヴィルニュスやリヴィウへ留学させることが義務づけられた。バシリウス会の学校も在俗司祭候補生に開かれるよう要請された。そして教区民のための教区学校を、主教が提供せねばならなかった。社会全体の教育水準を底上げするという教会会議の意図は、ポーランド分割後にロシア領では潰えざるをえなかったが、オーストリア領においては継続されてゆく。

ザモシチ教会会議は、合同教会のカトリック世界への帰属を再確認する目的を帯びていたことから、既成事実として合同教会に定着していたラテン的要素を後付で公認する側面を持った。顕著な例は、東方教会の伝統にないものの実際には多くの合同教会信徒が祝うようになっていた「聖体の祭日」の正式導入である。またこの教会会議ののちは、聖堂建築、内部装飾、教会音楽（朗誦）など、合同教会の視覚・聴覚面でのラテン化が格段に進行した。イコノスタス（聖像画で飾られた聖障）のない聖堂、ラテン典礼教会のように複数の祭壇やチボリウム（祭壇天蓋）を備えた聖堂、オルガンや信徒用の長椅子が設置された聖堂も出現した。イコンには民衆絵画的なローカルな特徴とともに西欧風のリアリズム的表現が強まる。地域による程度の差はあれ、合同教会のなかでラテン化を一切免れた教区など無かった。東方と西方の混交はルテニアの土地柄、必然であったとはいえ、ザモシチ教会会議がそれを加速させたことは間違いない。しかし一方で、教会会議は東方典礼と東方的慣習の核心的部分に関しては譲らず、その意味ではローマ・カトリック教会と自らとの線引きの明確化に貢献したともいえる。

合同教会の状況

正教会に対する優位を確実にし、ザモシチ教会会議以降さらなる発展の道を歩んだ合同教会であったが、支配階層の宗派であるローマ・カトリックに対してはあくまでも従属的な位置づけにあまんじた。富裕なマグナートを信徒に持つローマ・カトリックと、農民と零細シュラフタから成る合同教会とでは、ローマ・カトリック貴族が合同教会に寄進するケースもあったとはいえ、影響力や財力の差は歴然としていた。教育に重きを置くバシリウス会の貢献もあって合同教会の司祭・信徒の教育水準は相対的に向上し、首座キエフから切り離され各地の兄弟団学校の伝統を合同教会に奪われた正教徒と比べれば、格段に恵まれた状況にあったのは確かである。しかしローマ・カトリックとの格差は埋まらず、教会合同以前からの西高東低の状況に変わりはなかった。

元老院議席に手が届かなかったことで合同教会高位聖職者が地位向上に失敗したことについては、前章で言及した。一般の聖職者・信徒にしても同様で、いずれの土地においても社会階層の頂点にいたローマ・カトリックに、合同教会信徒が比肩することはなかった。合同教会は、二級の教会として扱われた点では相争った正教会と同じ穴の貉であった。

こうした境遇にあった合同教会信徒の中からは、社会的上昇の手段として典礼を変える者も現れた。東方典礼に残った者たちは、散発的に国王や領主から発布される特権によって都市行政職やギルドへの進出を実現していった。十八世紀半ばには最も差別の厳しかったリヴィウにおいても、都市参事会やギルドに合同教会信徒枠が設けられるようになる。合同教会信徒を配慮してギルドがユリウス暦での祭日を認める都市もあった。こうして徐々に地位を高めた合同教会信徒の間にはエリート階層に参入する人びとも現れるが、彼らはローマ・カトリックとの密な交わりから、通婚などを通じて最終的にローマ・カトリック化する傾向を示した。社会的上昇を求めての典礼変更がみられた一方で、逆に社会的上昇の結果として典礼の転向そしてポーランド化へと至った例も多く、合同教会信徒全体が東方的アイデンティティを維持したままでポーランド人ローマ・カトリックと対等の地位に到達することにはならなかった。

ポーランド分割前夜――ロシアの領土的野心とルテニアの宗派的状況

ルテニアにおいて正教会が優勢であった地域は十七世紀半ばにモスクワ領へと移り、ポーランド・リトアニア領では合同教会が優位を確立した。第一次ポーランド分割の一七七二年当時、ポーランド・リトアニアの領土に居住した正教徒はおよそ五十万人、対する合同教会信徒は四百五十万人ほどにのぼったと見積もられる。ただし地域的偏在がみられ、リトアニア大公国領では合同教会が圧倒的優位にあったのに対し、ポーランド王国領でのパワーバランスはより緊張をはらむものであった。

ポーランド・リトアニア領の正教徒は、教会行政上、十七世紀後半にモスクワ総主教座の管轄下に移ったキエフ府主教座に属していた。このことは、彼らもまたモスクワの正教会の信徒であるという解釈

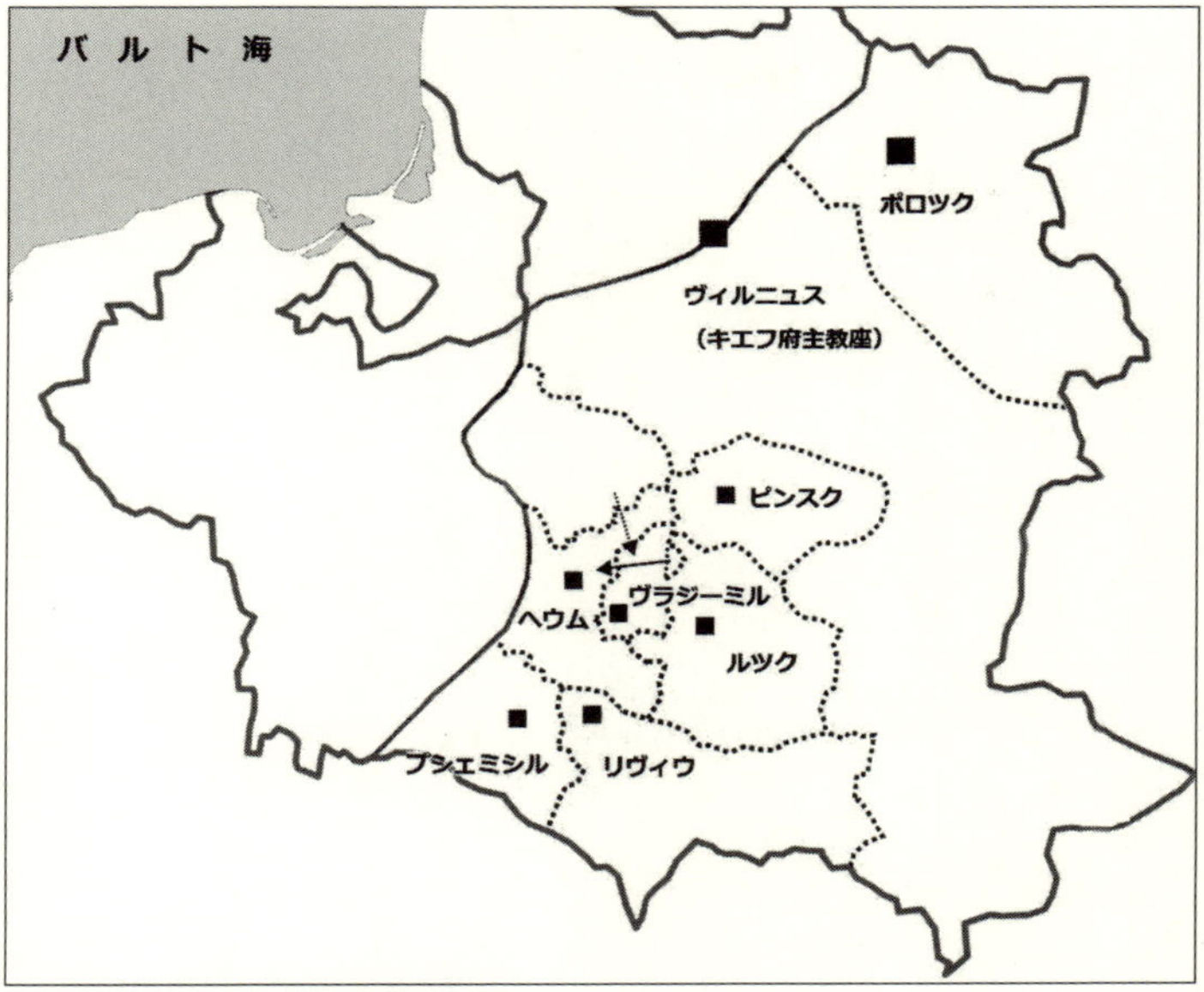

1770年当時の合同教会主教座管区

を可能にした。さらにポーランド・リトアニア領には若干の古儀式派信徒も居住しており、ロシアはこうした人びとをまとめてツァーリの潜在的な臣民とみなした。一七六〇年代からポーランド・リトアニアへの干渉に乗り出したエカチェリーナ二世は、カトリックに抑圧された正教徒の解放を大義名分に掲げ、ポーランド・リトアニアで不遇をかこつ正教徒たちにもまた、左岸ウクライナに続いてロシアに統合されることを待望するところがあった。こうした気運は合同教会と正教会との関係においても不安要素となった。

第六章　ポーランド分割以降の合同教会

ポーランド分割（一七七二、九三、九五年）によって合同教会信徒の居住域を獲得したのはロシアとオーストリアであった。合同教会の八つの主教座管区は、大まかにみて五つがロシア領に、残りがオーストリアに入ることになった。

一　ロシア領

モスクワ大公国は十七世紀半ばよりポーランド・リトアニアの東部領土を削り始め、正教会キエフ府主教座もモスクワ総主教座教会に統合された。一方、合同教会の勢力圏にロシアが最初に足を踏み入れたのは、大北方戦争の最中にピョートル大帝がポロックを征服した際で、このときポロックの合同教会は迫害の標的となった。

合同教会信徒居住地に対するロシアの本格的支配は、ポーランド分割に始まる。正教を帝国の支柱に据えるロシアの支配下で、合同教会と正教会との力関係はそれまでとは逆転した。

第一次分割によって、ベラルーシ東部が真っ先にロシアの支配下に入った。ルター派から正教への改宗者で、さらに啓蒙主義に親しむエカチェリーナ二世にヴァティカンの権威は重きをなさず、イエズス会解散令（一七七三年）もロシア領では効力を持たなかった。新たな臣民となった旧ポーランド・リトアニア領のカトリック信徒を掌中に収めるべく、女帝は帝国領のカトリック組織を宗務院管轄下に入れ、独自のカトリック大司教座をモギリョフに置き（一七八三年）、高位聖職にも帝国に忠誠心を持つ者を選りすぐった。初代モギリョフ大司教はカルヴァン派からの改宗者スタニスワフ・ボフシュ・シェストシエンツェヴィチであった。

このように、ローマから距離を置き国家の管理下に収まることでローマ・カトリック教会には存続の道が開かれたが、合同教会に関しては状況が異なった。女帝は合同教会の教区組織を正教会に吸収する方針を示し、シェストシェンツェヴィチもそれを支持した。合同教会はカトリック教会の一部というよりはむしろ正教からの逸脱とみられ、それを母教会たる正教会への「再合同」に導くことは正教君主の務めであった。合同教会に対する帝国の政策には身分制的原理に規定された側面もある。ローマ・カトリックがポーランド人地主貴族の教会であったのに対し、合同教会は農民と零細シュラフタの教会であった。

第一次分割から第二次分割までの間、右岸ウクライナでは合同教会と正教会とが反目を強めていた。合同教会の教区拡大に圧倒されていた右岸ウクライナの正教徒たちは、ロシアの後援を得て「バール連盟」のカトリック強硬派と衝突し、一七七二年から翌年にかけ抗争が続いた。背後にロシアの存在が見え隠れする正教会に対する警戒心はポーランドで否応なく高まり、一七八九年には、農民暴動を扇動したとして聖職者を含む正教徒が大量検挙される顛末に至った。国内の正教徒をロシアから分断するためにコンスタンティノープル総主教座に移管させる議案が議会に上がりもした。国境を挟んで、ポーランド内の正教会とロシア領の合同教会は相似の境遇にあったといえる。

第二次分割によって、ロシアは新たにベラルーシ中部と右岸ウクライナを獲得する。そして九四年四月二十二日付（旧暦。以下ロシア帝国での出来事については旧暦で表記する）の布告により、合同教会信徒に対する国家主導の組織的な正教への改宗作戦が始動した。正教会聖職者と地域の官吏が手に手を携え、合同教会信徒から改宗の声明を集め、聖堂を再聖別して回った。作戦は様々な層からの抵抗に遭い、ポーランド貴族が領民の改宗を拒む例もあった。しかし抵抗や拒否は布告への反逆とされたため、不本意な者も多くは従った。反抗した者は逮捕され流刑に処された。公式統計によれば九四年から九六年の間に改宗者は百六十万人を超え、この数字はポーランド分割の正統性を証明する成果として喧伝された。

第三次分割によって、リトアニア、ベラルーシ西部、ヴォルィン地方がロシア帝国に加わる。九五年九月の布告は、第二・第三次分割で得られた領土の合同教会教区の廃止を告げた。合同教会の資産は接収されたが、従順に応じた高位聖職者には多額の年金が支給された。同じ布告はバシリウス会修道院網の縮減をも命じた。教育など社会的に有用な事業において実績の大きい修道院は残されたが、ポーランド語の代わりにロシア語教育を行うことを義務づけられた。

教区司祭には正教への転向が推奨された。正教司祭への転身を断った者に対しては国外（オーストリア領）移住の選択が認められ、ロシア帝国領に留まりたい場合には司牧活動の放棄を条件に、家族を養えるだけの年金が約束された。一部のローマ・カトリック修道院は合同教会の司祭・修道士を当局から匿い勤めを継続させ、そこに表向き正教に改宗したかつての教区民が通うこともあった。こうした隠れ合同派の信仰生活は十九世紀にも細々と存続したという。

正教化政策に対する抵抗の大小は、概して、その土地で教会合同が定着していた度合いに比例した。合同教会の普及が比較的遅く、ポーランドでの非カトリックに対する風当たりの強さから護身を目的に合同派となっていた者の多い右岸ウクライナでは、ロシア支配下では躊躇なく正教に移行するケースが多かった。ヴォルィン地方では教会合同への固執はより強く、そしてベラルーシでは、正教化への抵抗は一層大きなものであった。

女帝の子パーヴェル一世と孫のアレクサンドル一世は、旧ポーランド・リトアニア領の宗派問題に関して女帝ほどには徹底していなかった。とりわけパーヴェル一世は、一七九八年に第二次・三次分割で得られた領土に合同教会の主教座管区を復活させ、エカチェリーナの治世に一旦正教に移った者の間から教会合同に回帰する者もあらわれた。アレクサンドル一世治世には合同教会からローマ・カトリックへの移行が禁じられたが、これはロシア帝国では正教から他宗派への改宗が禁じられたことと関連する。合同教会は正教会の変種という位置づけであった。いずれにせよ、この二帝の治世には合同教会の存在そのものは容認された。

エカチェリーナが着手した合同教会の解体を完成へと導いたのはニコライ一世とアレクサンドル二世であった。ポーランドの十一月蜂起（一八三〇－三一年）、一月蜂起（一八六三年）に対する懲罰としての旧ポーランド・リトアニア領への締めつけ強化の一環で、合同教会は一掃されることとなった。

「再合同」――ポロック教会会議

一八三九年、帝国の意を汲んだ合同教会ムスチスラフ主教ヨシフ・セマシコの主導するポロックの教会会議が、全合同教会を代表して正教会への統合を決議した。これが宗務院の認可を受け、ニコライ一世が三九年三月二十五日付の法令で教会会議の決議事項、すなわち正教への「再合同」を承認した。

ニコライ一世の治世に、ロシア帝国は「正教、専制、国民性」を帝国の三本柱として掲げた。合同教会解体のプロセスは、帝国による「歴史的ルシ」復元、「ルシ世界の一体性」喧伝の過程と重なりあっていたのである。正教会への「再合同」を拒否した合同教会信徒は摘発されればシベリア送りとなった。しかしながら、正教化の後にも合同教会時代の習慣は断片的に残存し、十九世紀半ばの教区再編の際には、多くの教区民そして聖職者までもが教会スラヴ語での勤行や祈祷のやり方を心得ておらず、たびたびポーランド語単語を使用していたことが判明している。一八八三年の宗務院の議事録は、教会合同を記憶する年配者がポーランド語や時にはラテン語で祈りを唱え、ローマ・カトリック教会に足を運ぶことすらあるというミンスク主教座管区の状況を伝える。

ヘウム主教座管区

ロシア帝国直轄領において合同教会の教区は十九世紀前半中に消滅した。しかしロシア領の合同教会には例外としてヘウム主教座管区が残されていた。この主教座管区はポーランド分割後オーストリア領となった地域にあり、ウィーン会議（一八一五年）以降は「ポーランド会議王国」に含まれた。ロシア帝国直轄領とは異なり広範な自治を享受した会議王国において、合同教会は命脈を保ったのである。ヘウム主教座にとっての転機は、ポーランド一月蜂起（一八六三年）であった。

合同教会信徒・元信徒による一月蜂起への関与は大々的なものではなかった。ポーランド人は彼らに蜂起参加を呼びかけたが、正教会聖職者たちの監視の目が厳しく、彼らの大規模動員は叶わなかった。ポロツク教会会議の後にリトアニアとヴィルニュスの正教会府主教となっていたセマシコは、元合同教会信徒たちに蜂起に対し中立を守るよう強く訴えた。

蜂起勢力と距離を置こうとの努力にもかかわらず、蜂起鎮圧後、帝国が旧ポーランド・リトアニア領諸地域の脱ポーランド化に邁進する中で、合同教会の最後の灯は吹き消された。ポーランド人の蜂起参加者と一緒に、数万人の合同教会信徒がロシア本土へと連行された。そしてロシア政府の肝いりでヘウム主教の座に就いたガリツィア出身のマルケル・ポペリが一八七三年十月二日付の文書で全主教座管区の正教化を教区民に告知し、七五年に正教会への統合が完了した。ロシア帝国にあった全ての合同教会

プラトゥーリンでの殉教
（クラクフの画家エリアシュ＝ラジコフスキが事件を受けて描いた油彩画からの複製）

がついに解体へと至ったのである。

ルテニアの中でも最西部にあたるヘウム主教座管区は、ラテン化が最も進んだ場所であった。いまや正教会の所有するところとなった元合同教会聖堂からは、オルガン、告解室、聖体顕示器等々が次々と撤去された。教会合同の歴史が長いこの地では、上からの正教化に対する抵抗は熾烈なものとなり、弾圧の結果、多くの逮捕者と少なからぬ死傷者が出た。七四年一月にドレルフとプラトゥーリンの両村（現ポーランド領）で起こった、憲兵のコサック部隊による合同教会信徒殺戮がその最たる例である。正教会への聖堂引渡しを拒んで殺害された村民たち「ポドラシェの殉教者たち」は、ブレスト教会合同が四百周年を迎えた一九九六年に列福されている。

ロシア帝国での合同教会解体の過程で、合同教会が温存されていたオーストリア領ガリツィアとの間で住民の入れ替えが行われている。ヘウム主教座管区の合同教会聖職者の一部がガリツィアに、ガリツィアからは親ロシアの司祭がヘウム主教座管区に渡った。ヘウム主教となって主教座管区解体に着手したポペリを筆頭に、ガリツィア出身正教司祭はロシア領での合同教会の正教化に大きく貢献した。

ロシア帝国の合同教会はこうして、アレクサンドル二世の治世に息の根を止められた。一切の聖堂を失った合同教会信徒は正教徒とならざるをえなかったが、教会合同の記憶を留めてその復活を願う者は少なくなかった。彼らは外部へのはたらきかけを厭わず、ローマに向けては幾度となく嘆願を寄せ、ツァーリの元へも、正教ではなくローマ・カトリックに移りたいとする要望が一万人近い署名付きで届いた。そして帝政が末期に近づく頃、こうした願いがついに叶う日を迎える。

一九〇五年四月十七日に公布された「宗教寛容令」は、元合同教会信徒がロシア正教から解き放たれることを可能とした。住民の間に教会合同の記憶が細々と受け継がれてはいたものの、教区組織はすでに無く、厳しい弾圧と迫害の記憶もまた子子孫孫に伝えられていたため、新たに合同教会を立ち上げる動きは起こらなかった。多くの者はそのまま正教会に残り、カトリシズムへの帰属意識の強い者はローマ・カトリックに転向した。宗務院の記録によれば一九〇五－〇七年の間に帝国全土で十七万人以上が正教からカトリックに改宗したが、その大部分を元合同教会信徒とその子孫が占めたことであろう。最も多くのカトリック改宗者を出したのは、教会合同が最も遅くまで持続したヘウム主教座管区の地域であった。

二　オーストリア領

オーストリアはポーランド分割の以前から東方キリスト教圏を領有し、上ハンガリーやトランシルヴァニアには合同教会も存在していた（一六四六年の「ウシホロド教会合同」、一七〇〇年の「トランシルヴァニアの教会合同」に起源をもつ）。ポーランド分割によってオーストリア領となった合同教会主教座管区はリヴィウ、プシェミシル、ヘウム（一八一五年以降はロシア領）の三つである。さらに五十近いバシリウス会修道院がオーストリア領に入った。リヴィウとプシェミシルの主教座管区は、それぞれの主教が教会合同当時に合同反対派の陣営に与したため、教会合同の受容が他地域に一世紀近く遅れた。にもかかわらず両主教座管区がその後ウクライナとポーランドで合同教会の牙城となったのは、オーストリア統治下で合同教会が飛躍的に発展したことの結果にほかならない。

ハプスブルクの宗教的寛容

オーストリア領でのルテニアの人びとの信仰問題は、ロシア領と比較すると格段に安穏であった。とはいえポーランド分割直後には合同教会から正教、あるいは合同教会からローマ・カトリックへの移行が頻発し、宗派的に流動的な状況を呈した。正教への改宗は、オーストリア領での正教会の立場がポーランド・リトアニアにおけるそれよりも恵まれていたこと、ローマ・カトリックへの転向は、ポーランド・リトアニアでは複雑かつ困難であった典礼の変更がオーストリアでは容易であったことを理由とした。

一七七四年にマリア・テレジアは合同教会に「ギリシア・カトリック」の名称を与えた。ビザンティン＝スラヴ典礼のカトリックを、「ローマ・カトリック」や「アルメニア・カトリック」に倣ってこう呼ぶことにしたのである（以降、「合同教会」「合同派」の呼び名はオーストリア領では使われなくなるが、本書では便宜的理由から以下でも使用する）。また同年、合同教会のセミナリアが帝都ウィーンに設けられ、聖

かつてギリシア・カトリックのセミナリアが付設されていたウィーンの聖バルバラ聖堂。現在もギリシア・カトリック教会として使われている。

バルバラ聖堂に併設されたことから「バルバレウム」と呼ばれた。

ヨーゼフ二世は、非カトリック諸教会にカトリックと同じ権利を認める「宗教寛容令」（一七八一年）やユダヤ教徒に対する制限の大幅撤廃でも知られるように、宗教的寛容を方針とし、修道院解散に乗り出す啓蒙主義・世俗主義者であった。合同教会そのものはヨーゼフから手厚い待遇を受けたものの、バシリウス会はヨーゼフ改革によって修道院の大半を奪われ、その数は十未満にまで減少した。バシリウス会の教育網も崩壊したが、一七八三年にリヴィウ大学にローマ・カトリックと並べてギリシア・カトリックのセミナリアが付設され、帝国に忠実な聖職者の養成を担うようになった。同大学の神学部と提携するこのセミナリアからは、優秀な若者がウィーン、インスブルック、さらにはローマへの留学に派遣された。

合同教会司祭は妻帯可能であったため、司祭職が世襲で受け継がれるケースが多く、いわゆる聖職者階級のような層が形成されていた。そのため当初の間セミナリア入学者の大部分は司祭の子であった。しかしラテン典礼の影響を受け時代が下るにしたがい独身の聖職者が増したことで、合同教会聖職への新規参入が促された。より良い教育を得て聖職者になることは社会的上昇の機会とみなされ、十九世紀末にはリヴィウのセミナリアで農民出自の学生数が司祭の子を上回る。こうして、合同教会のセミナリアは様々な階層に出自をもつウクライナ知識人を育む土壌となった。十九世紀半ばに同セミナリアから教授言語としてのポーランド語が姿を消したことも、学生の間での民族意識をさらに高揚させた。

新しい府主教座

ポーランド分割当時の合同教会キエフ府主教（ヴィルニュスに居住）テオドーシー・ロストツキーは「五月三日憲法」支持者で一七九〇年に合同教会高位聖職者としては最初で最後の元老院議員となったものの、ポーランド分割後はペテルブルクで監視下に置かれた。彼が一八〇五年に没したことで、合同教会の教会行政は重要な岐路にさしかかった。

オーストリア領の合同教会信徒はかねてよりオーストリア領での府主教座設置を願い出ていたが、ロストツキーはこれに反対であった。ロストツキーの死で状況は一転し、ヴァティカンはオーストリア領に新たな府主教座を設けることに合意し、一八〇六年に皇帝フランツ一世がリヴィウ主教座の府主教座昇格を許可した。しかしロシアのアレクサンドル一世はルテニアの合同教会の全教区はロシア帝国内のキエフ府主教座の管轄に属すべきと主張し、ロストツキーの後任にイラクリー・リソフスキーを指名した。オーストリアの府主教座創設計画には暗雲が垂れ込めたが、アレクサンドルがリソフスキーの叙階に対しローマに承認を乞わなかったため、ローマはオーストリアの要望を優先した。こうして一八〇八年に成立したハリチ府主教座（リヴィウを拠点とする）には、プシェミシルとヘウムの主教座管区が属し、アンチン・アンヘロヴィチが初代府主教となった。府主教の任命権は皇帝に与えられた。一八一五年にはウィーン会議によりヘウム主教座管区に属す地域がロシア領となり、一八三〇年に正式にハリチ府主教座の管轄から外れた。他方、ハリチ府主教座にはスタニスワヴフ（現イヴァノ＝フランキフスク）主教座管区が新設された（一八五〇年）。

典礼間の協調と確執

非支配的宗教に恩恵をもたらしたヨーゼフ改革は、カトリック教会、特に修道院勢力にははかり知れぬ打撃を与えた。しかし一八二〇年にイエズス会がハプスブルク帝国で復活するとともにカトリック復興の光が差し始め、発足当時からイエズス会と深い所縁のあったバシリウス会も盛期を迎える。教皇レオ十三世はヨーロッパ東部でのカトリシズム強化にバシリウス会を利用することを考え、ロシアの正教的パン・スラヴ主義を警戒するオーストリアもまた、バシリウス会への梃子入れを歓迎した。ロシア領で進行していた合同教会弾圧が、オーストリア領の合同教会に対する国内外の関心を高めることとなった。

ロシアでの動向を警戒するイエズス会ガリツィア管区長ヘンリク・ヤツコフスキが、ガリツィアでの合同教会の強化に着手した。一八八二年、イエズス会士を顧問とするバシリウス会修道制改革が始まり、二十三年の長きにわたり継続した。幾つかのバシリウス会修道院が試験的にイエズス会に委ねられ、ポーランド人を主要メンバーとするイエズス会士が送り込まれた。バシリウス会士からの抗議をかわすため、改革に際してもあくまでも東方的伝統を踏襲することが強調された。この改革の恩恵を受けた次世代のバシリウス会からは、のちの府主教アンドリー・シェプティツキーをはじめガリツィア・ウクライナの代表的民族知識人たちが巣立つ。シェプティツキー当人は、ラテン的特徴がいささか増したバシリウス会に対する別のオプションとして、東方色のより濃い修道会「ストゥディオス会」を一九一〇年に発足させている。バシリウス会の創始と発展にイエズス会が関わってきたのに対し、ストゥディオス会の修道制はベネディクト会を参考とする点が多い。

このように、オーストリア領での合同教会の発展にラテン典礼の修道会が果たした役割は大きい。フランスのポーランド人亡命社会で発足した主の復活修道会もまた、バシリウス会と連携した修道会であった。同修道会はパリやローマに東方典礼カトリックの教区組織を立ち上げるほか、ガリツィアにおけるポーランドとウクライナの緊張緩和を目的として、十七世紀に殉教した主教ヨサファト・クンツェヴィチの列聖（一八六七年）を後押しした。ほかに、合同教会信徒の北米移住を斡旋したレデンプトール会など、新進のラテン典礼修道会が合同教会に関与する例が十九世紀後半に増加した。

このように典礼を超えた協力関係が築かれる一方で、典礼間関係においては万事が平穏ではなかった。特に教区レヴェルでの信徒をめぐる争いはどちらの教会にとっても悩みどころで、上層部では幾度も協議が重ねられた。一八六三年にはリヴィウで東西典礼間の協約「コンコルディア」が成立し、教皇ピウス九世の承認を受けている。コンコルディアは両典礼の信徒が機に応じて別の典礼での秘蹟を受けることを認めており、両典礼の司祭同士の日常的な諍いを抑止する効果が期待された。にもかかわらず、ナショナリズムの高まりとともに、民族的アイデンティティと密接な関係にある宗派的帰属の問題は、一層緊迫をはらむようになるのである。

多民族が暮らすガリツィアは、ポーランド人を最大多数派とする西部（一八四六年にクラクフが加わる）と、ルテニア人（ウクライナ人）を最大多数派とする東部（ガリツィア総督府が置かれたリヴィウが中心都市）に大別される。ポーランド色の極めて強い西ガリツィアの平野部（クラクフとその近辺）を除き、大部分の地域はこれら二大民族が混住状態にあった。混住地域では、同一階層内での通婚、家族内での典礼共存も珍しくはなかった。手近な教会で秘蹟を受けたことで帰属が曖昧になったケースも多い。東ガリツィアでのポーランド人人口が増加すると、ラテン典礼教会の不足を原因とする東方典礼への移行が頻繁に生じた。社会の上層部では東方典礼→西方典礼の移行が主流であったのに対し、農村や小都市の住民においては西→東のケースが多く認められる。

バシリウス会修道士をはじめとする合同教会の聖職エリートにとってローマ・カトリック聖職者との交友は不可欠であったが、一般司祭の間にはラテン典礼・ポーランド文化に対する敵愾心、競争心は強かった。通婚に際してラテン典礼の新郎（新婦）を東方典礼教会に強制的に引き込む司祭もいた。自らの教区から「ひとりのラテン教徒、ひとりのポーランド人も居なくなるように」と励む彼らの情熱は、宗派的帰属が民族的帰属を決定する要因として認識されていたことを裏付ける。知人の婚礼のためラテン典礼教会に足を運んだ教区民に対し司祭が秘蹟を拒否するという理不尽な事例すらみられた。合同教会にはこうした排他的な司祭が、他方ローマ・カトリック教会には合同教会を蔑む司祭が珍しくなかった。

ナショナリズムの時代

ハプスブルク帝国が合同教会を優遇したのは、その信徒の社会的地位を向上させることで土着の支配階層であるローマ・カトリックのポーランド人（やハンガリー人）の影響力を相対的に低めるという思惑による。実際に「諸国民の春」（一八四八年）において、合同教会聖職者は帝国への忠誠を貫き、ポーランド人を中心とする東ガリツィアの自由主義運動とは一線を画した。

ガリツィアのウクライナ人知識人層はガリツィアの高文化であるポーランド文化にも親しんでいたが、ウクライナ・ナショナリズムの芽生えとともに自らの東方的アイデンティティにより自覚的になる。ロシア領のように「大ルシ」の求心力に直接晒されることがなかったがゆえに、オーストリア領のルテニア人のナショナリティ形成においてはポーランド的なるものと自己との対比が何より鮮明であった。カトリック教会において東方典礼が常に格下の扱いを受けてきたこと、特にポーランドが教会合同の後にもルテニアに対するローマ・カトリック宣教を抑制せず現地貴族をローマ・カトリックに改宗させてきたことに対する怨嗟は大きかった。

何世紀にも渡るポーランド人、そしてローマ・カトリックの優位に反発する人びとは、「ルソフィル」と呼ばれた（逆にラテン典礼とポーランド文化に親和的な人びとは「ポロノフィル」と称された）。さらにルソフィルの中には同じ東方教会圏に属すロシアへの親近感を表明する人びとが含まれ、彼らは「モスカロフィル」「モスクヴォフィル」とも呼ばれた。一八四九年にハンガリーに赴くロシア軍の兵士がガリツィアを経由した際、正教徒である彼らを在地のウクライナ人が歓待でもって迎え、亡くなった者は土地の合同教会司祭によって丁重に葬られたという逸話が残る。「ルソフィル」の中からは教会合同を忌避して正教に改宗する人びとも現れた。ロシアとオーストリアが合同教会信徒と正教徒を交換した際にへウム主教座管区へと移住したのは、このような背景を持つ人びとであった。

一八八一年にフニリチキ・マリ（現ウクライナ領）が村ごと合同教会から正教会に改宗しようとした事例は、ガリツィア地方議会のみならずウィーンの全国議会でも議題に上がるスキャンダルとなった。東ガリツィアをオーストリアから奪おうとロシアが背後で糸を引いたと噂され、翌年、時のハリチ府主教ヨシフ・センブラトヴィチがルソフィリズム蔓延の責任を問われ退位に追い込まれている。ルソフィリズム、中でもモスカロフィリズムを恐れたガリツィアの人びとは、ロシアでの合同教会迫害にも敏感に反応した。ガリツィアでは被迫害者に対する支援運動が展開され、合同教会信徒のみならず、合同教会に対し家父長的な庇護の義務感を持つローマ・カトリックのポーランド人からも義援金が寄せられている。

合同教会聖職者もルソフィリズムやモスカロフィリズムと無縁ではなかった。合同教会聖職者の間では一八六〇年代から、ラテン典礼の影響を排し東方典礼を純化しようとする動きである「典礼運動」が展開された。イエズス会がバシリウス会の改革に関与することへの反発も、この運動を一層活発にした。この年代にはポーランドのロマン主義的ナショナリズムがポーランド、リトアニア、ルテニア三国民の結束を強く訴えたが、ロシアへの傾倒と紙一重のルソフィリズムを牽制し、ガリツィアのウクライナ人をポーランドに繋ぎ留める必要が痛感されていたのである。

一八九六年にはブレスト教会合同が三百周年を迎えたが、ガリツィアでの祝賀は、主として教会の行事に限られた。この事実は、教会合同がすべてのルテニア住民が心を一つに記念する包摂的なものとは考えられていなかったこと、そしてルソフィルやモスカロフィルの根強い存在感を示す。さらに、ロシア領のドニプロ沿岸のウクライナ・ナショナリズムがコサックを偶像視したことも、状況を複雑にしていた。近世のウクライナ・コサックは正教の庇護者として振る舞い、教会合同に真正面から敵対した勢力であった。ドニプロ流域を拠点にしたコサックはガリツィアのルテニア人にとって元々は遠い存在であったが、ロマン主義的ナショナリズムの重要な要素としてのコサック称揚は、ロシア - オーストリア国境を越えてガリツィアでも受容された。東のコサックと西の合同教会は、ともにウクライナ・ナショナリズムのアイコンでありながら、教会合同の是非をめぐって矛盾する。この矛盾はウクライナ・ネイションの成り立ちの複雑さをよく物語るものであろう。

二十世紀初頭に至るとガリツィアでは東西典礼間の移行が急増するが、この現象は、宗派的帰属と民族的帰属を一致させるよう時代に要請されて起こったものと解釈される。アイデンティティに曖昧な部分を残してガリツィアを共有してきた二大民族が、完全なポーランド人（ローマ・カトリック）とウクライナ人（ギリシア・カトリック）とに二分されるべき時が訪れたのである。

第七章　大戦間期と戦後の合同教会

大戦間期ポーランドにおいて

ポーランドとルテニアの境界地域・混住地帯では、近代ネイション形成の過程で典礼がネイションの指標としての意味を帯び、西方典礼がポーランド人、東方典礼（合同教会あるいは正教会）がルテニア（ベラルーシ、ウクライナ）人の証とみなされた。そのため、ネイション間の緊張関係が対立へと発展すると、それは教会に直接的な影響を及ぼすことになった。

第一次世界大戦は中・東欧の多民族帝国が解体に導かれる契機であった。ハプスブルク帝国からは幾つもの国民国家《ネイション・ステイト》が誕生し、ロシア帝国は諸ネイションの共和国から成るソヴィエト連邦へと再編された。ウクライナの東部・中央部は、「中央ラーダ」政府による独立宣言もむなしく、最終的にはソ連を構成するウクライナ・ソヴィエト社会主義共和国となった。一方、ウクライナの西部すなわち東ガリツィアは、一九一八年に成立をみた「西ウクライナ人民共和国」がポーランド軍に鎮圧され、独立を果たしたポーランド国家の領土とされた。その結果、合同教会信徒の大部分がポーランドに属することになった。ベラルーシもウクライナと同様ソ連邦の一共和国となるが、西部はポーランド領に入る。

大戦間期ポーランドの合同教会には、首座のハリチ＝リヴィウ府主教座、そこに属すプシェミシルとスタニスワヴフの主教座のほか、一九三四年に新設され教皇庁に直属したカルパチア山系の少数民族ウエムコの教区が含まれた。

晴れて独立国家となった第二共和政ポーランドは、自国領で最大の民族マイノリティであるウクライナ人のナショナリズムを警戒した。同じウクライナ人でも、東ガリツィアの合同教会信徒はヴォルィンの正教徒以上に危険視された。実際に、東ガリツィアのウクライナ人には自分たちから独立の機会を奪ったポーランドに対する敵意が根強く、ルソフィリズムも高まっていた。ポーランド政府はガリツィアのウクライナ・ナショナリズムの温床たる合同教会への不信感をつのらせ、オーストリア統治時代にも増して差別的に遇し、聖職者や信徒にはローマ・カトリック化の圧力もかけられた。戦間期ポーランドでの扱いに対して鬱積したウクライナ人の不満は、ナチス占領下で多数のウクライナ人が対独協力に走る要因ともなる。府主教シェプティツキーは、ポーランドの宗教マイノリティに対するローマ・カトリック化推奨政策に抗し、合同教会の東方典礼教会としてのアイデンティティを護るために奔走した。シェプティツキーはまた、ヴォルィン、さらには同じポーランド領のベラルーシ西部へと、教区組織を北に拡げる計画を温めてもいた。

ベラルーシは、ポーランド分割前には合同教会が最も普及していた地域である。にもかかわらず、ベラルーシの合同教会教区組織はロシア正教に統合されて姿を消し、ロシア帝国末期に宗教寛容令が公布された際にも教区再興には至らなかった。しかしながら、正教会への統合後にも信仰生活における合同教会的慣習は断片的に残存し、ベラルーシの土着文化の一部としてベラルーシの完全なロシア化を阻む要因のひとつとなった。戦間期ポーランド領のベラルーシ西部では、ウクライナのシェプティツキーの構想とは別に、合同教会教区の再建を目指す「新合同《ネオ・ウニア》」運動が起こる。しかし第二次大戦の勃発がこの運動を早期の段階で頓挫させ、ベラルーシで合同教会が復活することはなかった。

社会主義体制下の合同教会——ソ連において

第二次世界大戦後、ソ連は国境線を大きく西へと動かし、ベラルーシ共和国、ウクライナ共和国はともに戦間期ポーランドの東部領土を自領に併合した。その結果、およそ四百万人ともいわれる合同教会信徒の居住域がソ連の手中に入り、唯一プシェミシル主教座管区はポーランド領に残った。

かつてのロシア帝国を倣うかのように、ソ連もまた合同教会を根絶させる政策を採った。ポーランド第二共和国における扱いも芳しいものではなかったとはいえ、かつての東ガリツィアの合同教会信徒はソ連において初めて、真の意味での迫害と存亡の危機に面することになった。一九三九年にソ連軍が西ウクライナに入った際、合同教会の施設は接収対象とされた。四四年にソ連は再度この地域を掌握するが、当面の間、合同教会の存在は容認された。府主教シェプティツキーの葬儀には当時ウクライナ共産党第一書記の地位にあったフルシチョフが参列している。本格的な迫害は四五年に開始され、その翌年に合同教会は非合法化された。スターリンの指示で四六年三月八日から十日にかけてリヴィウで合同教会の教会会議が開かれ、高位聖職者が一人も出席せぬまま、当局と通じた聖職者によってブレスト教会合同の撤回とロシア正教会への統合が決議されたのである。ロシア帝国統治下のベラルーシでの「ポロツクの再合同」が再現されたかのようであった。第一次大戦後にチェコスロヴァキア領となっていたかつての上ハンガリーの合同教会（ムカチェヴォ主教座管区）も第二次大戦後にソ連邦ウクライナ共和国領に入り、四九年に正教会へと統合された。

時の府主教ヨシフ・スリピーに対し、ソ連当局は、正教会への帰依の対価としてロシア正教会キエフ府主教の地位を約束した。スリピーはこれを退けリヴィウ教会会議を欠席し、他の主教たちも追随した。彼らは全員逮捕され、投獄あるいは強制収容所送りとなり、多くが過酷な扱いによって落命する。正教への統合に応じた聖職者には比較的寛大な措置が取られ、剃髭やウクライナ語でのミサが容認された。こうした転向者の中には正教聖職者の仮面をかぶった隠れ合同教会司祭が含まれ、また還俗して他の職業に就きながら地下で司牧活動を行う隠れ司祭もいた。

ソ連に編入されたかつての旧ポーランド領には大勢のポーランド人が居住していたが、四四年十月から四六年七月にかけて展開された大規模な住民交換によって、ソ連領となった地域のポーランド人がポーランド領へ、逆にポーランド領に居住していたリトアニア、ベラルーシ、ウクライナ人がソ連領へと送られた。この際にソ連領へと移動させられたおよそ四十八万三千人のウクライナ人は、多くが合同教会信徒であり、無宗教者となるか或いは正教会に統合される運命を辿った。

社会主義体制下の合同教会――ポーランドにおいて

合同教会の受難はソ連邦内に限られなかった。チェコスロヴァキアとルーマニアでも合同教会は廃絶に追い込まれ（それぞれ一九六八年と一九九〇年に再興）、教区と信徒はソ連領と同じく正教会に吸収された。ポーランドでもやはり合同教会は解体を余儀なくされたが、正教会への統合という手段はとられず、信徒の大多数がローマ・カトリック教会に移行した点はポーランド特有の展開であった。

ポーランド人民共和国で合同教会信徒が被った仕打ちは戦間期に受けた差別の比ではなかった。ウクライナ民族主義者組織（ＯＵＮ）、ウクライナ蜂起軍（ＵＰＡ）の対ポーランド・テロが記憶に新しい戦後のポーランドにはウクライナ人に対する恐怖心が強く残り、ポーランド領に残っていたウクライナ人は危険な民族マイノリティとして警戒された。一九四七年春から夏にかけて実施された「ヴィスワ作戦」は、サン川流域とカルパチア山麓に暮らしていたウクライナ人を、同じく合同教会の信徒であったカルパチア山系の少数民族ともども、西部・北部の「戦後回復領」（敗戦国ドイツからポーランドが獲得した領土）へと強制移住させた。ドイツ人の引揚げ後に人口希薄になった「回復領」での労働力に対する需要を満たし、かつ反ポーランド的民族マイノリティを離散させるという一石二鳥が企まれたのである。十四万人近くがこの作戦によって故郷を追われ、見知らぬ土地へと散り散りになった。彼らの一部は正教徒、そして大半が合同教会信徒であった。

「回復領」にはウクライナ領から引き揚げたポーランド人も大勢移住しており、ウクライナに故郷を奪われたと憤懣を抱くポーランド人と隣りあって暮らすことになったウクライナ人は、民族的アイデンティティの主張を控え周囲に溶け込む道を選んだ。ポーランドでのウクライナ人マイノリティに対する抑圧はゴムウカ政権下で緩和され、一九五六年に少数民族としての公的ステイタスが賦与されたのを皮切りに原住地への帰還も許可されるようになるが、帰還を選んだ者の数は限られた。現在ポーランドでは、ニューカマーが途切れず流入することからウクライナ人マイノリティは増加傾向にあるが、戦後ポーランドに最初から住んでいたウクライナ人の子孫たちの多くは既にポーランドへの同化を遂げている。

ソ連との住民交換で合同教会聖職者の大半がウクライナに移動し、そしてヴィスワ作戦により原住地からウクライナ人が一掃された結果、ポーランドにあった合同教会の教区は瓦解させられ、資産は多くが国有化、一部がローマ・カトリック教会と正教会に分与された。合同教会信徒の大多数はローマ・カトリックへと移行し、一部の信徒は典礼の似通った正教会に移った。合同教会のアイデンティティの両極は「カトリック教会」と「東方教会」であり、各信徒がどちらに重きを置くかがこの場合の選択を決定した。またそれだけではなく、居住国においてどの教会が主流を成しているかも重要なファクターであった。正教徒となりマイノリティの肩身の狭さを味わうよりも、ローマ・カトリックとなるほうがポーランドにおいてはより無難で、かつ国民の均質化すなわちマイノリティの同化を狙う政府の意向にも合致した。

教区が霧散した後、合同教会の組織として唯一、ワルシャワにあったバシリウス会修道院が残ったものの、ラテン化を受け入れて生き残りを図らねばならなかった。

ポーランドでの復興

合同教会信徒のため、ヴァティカンはたびたびポーランド政府にはたらきかけ、またポーランドのローマ・カトリック聖職者にも親身になる者がいた。ローマ・カトリック教会自体、政権との関係が緊迫していたことから合同教会を全面的に支援することは難しかったが、首座大司教ステファン・ヴィシンスキは合同教会の復興に助力を惜しまなかった一人であった。ヴァティカンはポーランドのウクライナ系聖職者に東西典礼を併用する特権を与え、一九五〇年代後半よりポーランドではローマ・カトリック教会の枠内で東方典礼が実践されるようになった。

ウクライナ系信徒のために細々と東方典礼を行うことを許容された聖職者たちがついに固有の教区再建の局面に至るのは、一九八〇年代終わりのことであった。ポーランドでもローマ・カトリック教会のイニシアチブでルシ受洗一千年紀が祝賀されたのも大きな弾みとなった。教区の再興に王手をかけたのは、主教座管区の統率者たる主教の任命であった。首座大司教総代理の役職にあったヤン・マルティニャクが八九年九月十六日にチェンストホーヴァにおいて合同教会主教に叙階され、九一年にプシェミシル主教座に着任したことにより、合同教会はついに固有の教区組織を回復する。同主教座管区は九三年以降ワルシャワの首都大司教座管区を離れ、教皇庁に直属している。

ポーランドの合同教会には国土の南東部に位置するプシェミシル主教座管区だけが残されていたが、ウクライナ系住民はヴィスワ作戦によって国中に拡散していた。そこで一九九六年にヴロツワフに新しく主教座が開かれ、ポーランドの合同教会は二つの主教座管区を備えるようになる。ヴィスワ右岸がプシェミシル-ワルシャワ大主教座管区、左岸がヴロツワフ-グダンスク主教座管区とされ、前者の大主教はマルティニャク、後者の主教にはテオドル・マイコヴィチが就任した。

ワルシャワのバシリウス会修道院
18世紀半ばにポーランド国王アウグスト3世からこの場所を与えられて以来、1875年から1929年までの中断を挟み現在まで存続してきた。

マイノリティの教会として

こうして完全復活を遂げたポーランドの合同教会であったが、資産を回復するのには困難が付きまとった。第二ヴァティカン公会議（一九六二－六五年）は東西典礼の対等性を説き、ポーランドのローマ・カトリック聖職者にも合同教会への理解者は多かったが、ウクライナ人への反感と結びついた合同教会への反発がポーランド人の間で散見された。それが最も先鋭化したのは、合同教会の首座の町プシェミシルであった。

プシェミシルでは、ヨーゼフ改革の折にカルメル会から没収された聖堂が合同教会に与えられ（一七八四年）、主教座大聖堂として使われていた。戦後のポーランドで合同教会の教区が失われると、この聖堂はカルメル会の所有下へと戻った。一九九一年の合同教会プシェミシル主教座の復興にあわせ、ローマ・カトリック教会はカルメル会に対し、合同教会の新しい主教座大聖堂が建設されるまでの間聖堂を貸与するよう促した。カルメル会とプシェミシルのローマ・カトリック市民は、ヨーゼフ改革以前の状態こそが本来の姿であるとしてこれに抵抗し、一方の合同教会は、新しい大聖堂を建設する意思を持たず、カルメル会の聖堂の永代所有権を要求した。聖俗の多くの有識者が論戦に加わり全国的にも有名になった事件である。

「プシェミシルのポーランド性の死守」を主張するナショナリストたちが問題の聖堂内でストライキ

に入ったことで事態は大きく動いた。ストライキは教皇のプシェミシル訪問（九一年六月）を前に行われ、教皇に対する直訴の意味を帯びた。事態収拾をのぞむ教皇の鶴の一声で、同じ都市の、当時軍に属していた元イエズス会の聖堂が合同教会に譲渡されることになり、渦中の聖堂についてはカルメル会の所有権が再確認された。カルメル会と町のナショナリストはこの措置だけでは安心せず、同聖堂からかつて合同教会として使われていた痕跡を消し去ろうと、合同教会時代に取り付けられたクーポラを撤去しよりラテン的な形状の小ぶりのクーポラに挿げ替える改築を行った。改築工事は皮肉にも教会合同四百周年に行われた。合同教会への反感が漲っていたプシェミシルでは、この節目の年に記念行事が行われることはなかった。

ブレスト教会合同によって生まれ、紆余曲折のすえ成立四百周年を経て今に至るルテニアの合同教会の現在の状況に言及し、本書を締めくくりたい。

ウクライナ

一九八九年末に合法的地位を得たウクライナの合同教会は、一九九二年に総大主教ヨシフ・スリピーの遺骸を首座の置かれるリヴィウの聖ゲオルギウス（ユーラ）大聖堂に迎えた。リヴィウ府主教就任直後に逮捕されたプロヒーは、ソ連の収容所で二十年近くを過ごし、フルシチョフ政権によって一九六三年に釈放され、第二ヴァティカン公会議に参加した後ローマに残り八四年に当地で没した。スリピーには、総主教に昇格させる議論がヴァティカンで持ち上がったものの反対意見も多く、妥協の結果「総大主教」の称号が与えられていた。

再出発当初、およそ二百万人の信徒がいたとされるウクライナの合同教会は山積みの課題に向き合わねばならなかった。まずは教区再建のため、リヴィウ教会会議以降国有化または正教会に転用された資産を取戻さねばならなかった。資産回復の過程での合同教会の強硬な姿勢は正教徒の間に反感を掻き立て、のちに教皇ヨハネ・パウロ二世がウクライナを訪問した際に正教徒が大規模な抗議デモを組織したことの遠因ともなった。

合同教会は対内的にも、ソ連崩壊後に人びとが直面したアイデンティティの危機や新たな社会問題への対処を迫られた。地上での活動が解禁された当初は、聖職者間での合意形成の困難も散見された。当時の合同教会聖職者は三つのタイプ——かつて地下で活動した人びと、表向き正教司祭となっていた隠れ合同派、そして在外ディアスポラ出身者に大別された。彼らの受けた教育や司牧活動の方式の相違が意見対立の種であった。聖職者と同様、信徒の内訳も様々で、合法化以降の新改宗者も多く、体系的な宗教教育の整備が急務であった。徹底して無神論教育をほどこされてきた知識人層をいかに教会に惹きつけるかも重要課題であった（無宗教者は現在もウクライナの人口の過半数を占める）。

教皇ヨハネ・パウロ二世とウクライナ・ギリシア・カトリック教会の総大主教ヨシフ・スリピー（1978年撮影）

こうした内外の諸問題に立ち向かいつつ、ウクライナの合同教会は迅速に勢力を増し、現在ではウクライナの一部地域（西部に位置するリヴィウ、テルノピリ、イヴァノ＝フランキフスクの三県）において主要教会の地位にある。この地域はオーストリア統治時代の東ガリツィアに符合する。ウクライナの合同教会はソ連によって非合法化される前の位置づけを取り戻したのである。ソ連領で根絶され、ローマと、そしてかろうじてワルシャワに組織を残すのみであったバシリウス会も、ウクライナで復興し、現在では戦前を超える規模で活動を展開している。

二〇〇五年、ウクライナの合同教会は、西ウクライナの中心都市リヴィウから首都キエフへと首座を移し、ポロックの「再合同」によって断絶したキエフ府主教座の復活となった。新しい首座の正式名称は「キエフとハリチの総大主教座」である。合同教会は過去のどの時代にも教区を持つことのなかったドニプロ左岸へも意欲的に進出している。首座の移転は、合同教会が「ガリツィア（地域）の」教会から「ウクライナ（ネイション）の」教会へと野心的に歩み出したことを象徴する。ウクライナ全体での正教会の優勢は圧倒的であるが、合同教会は信徒と教区組織を安定的に増やしており、また熱心な信徒が多いことを強みとする。

ウクライナ・ディアスポラ

ウクライナが送り出してきた大量の移民によって、ウクライナの合同教会は世界に広がった。これら

リヴィウの聖ゲオルギウス（ユーラ）大聖堂。
1808年より2005年まで合同教会の首座大聖堂であった。現在はリヴィウ大主教座大聖堂として機能する。

ディアスポラの教区組織もまたキエフ総大主教座に属し、主教座管区は南北アメリカに十二、西欧に三、オセアニアに一を数える。ポーランドの合同教会もまた、厳密には個別に教皇庁に直属するものの、実質的支部といってよい。バシリウス会創立の地であるヴィルニュス（現リトアニア）の聖三位一体修道院も現在は再びバシリウス会が所有する。シベリアやカザフスタンにまで及ぶ旧ソ連各地にも、ウクライナ系住民の合同教会の組織を興している。ウクライナの合同教会はカルパチア山系の少数民族ルシン人を主体とするスロヴァキアの合同教会とも連携関係にある。

世界各地のディアスポラ教区は、マイノリティとしての境遇から、本国の教会以上にラテン化に傾きやすい。それが顕著に表れるのが司祭独身制と暦である。ディアスポラの教区では在俗司祭が独身を維持するのが一般的（アメリカでは義務化）で、この趨勢は合同教会合法化後にウクライナにも流入し、現在はウクライナでも非婚司祭の数が妻帯司祭を上回っている。暦に関しては、一部の在外教区で新暦が採り入れられて久しく、ディアスポラ社会には新暦を用いる教区と旧暦を用いる教区が並存している。同一教区内で二つの暦を併用する地域もある。一方本国の合同教会は現在も専ら旧暦に従う。東方的慣習を尊ぶというだけでなく、ウクライナで主流の正教会と祭日を合致させることが重視されているのである。ディアスポラ教区を最前線に進行するラテン化は、一方で、東方的アイデンティティを取り戻し強化しようとする反発の動きをも引き起こしている。かつての東ガリツィアでのポロノフィルとルソフィルの争点は、依然としてこの教会のアクチュアルな懸案事項である。

ベラルーシ

ペレストロイカ以降ベラルーシでも教会への回帰が進行し、ソ連末期に過半数であった無宗教者が早くも九十年代前半に数の上でキリスト教徒に逆転された点ではウクライナ以上である。最大勢力はロシア正教会で、これに大きく引き離されてローマ・カトリック、プロテスタント諸派が続く。合同教会は一九九〇年に復活の名乗りを上げたものの、ベラルーシでは教区組織が長きにわたって不在であったこともあり、飛躍的発展は望めなかった。ベラルーシ語でのミサにこだわり、ベラルーシ・ネイションの教会たることを目指す合同教会は、一部の民族主義的知識人の関心を引いたものの大きな勢力となることは出来なかった。少数の信徒たちは、出版活動や文化復興、教皇庁との繋がりの強化に勤しみ、ベラルーシに数多い合同教会の聖地を訪ねる巡礼文化の定着を図った。ミンスクやポロックにはストゥディオス会の修道院も設立された。しかしロシア正教会からの圧力、またほぼゼロの状態からの再スタートであったがゆえ司祭と聖堂の不足に苦しみ、ロシア正教会に属す教会組織のみを支援対象とするルカシエンカ政権誕生以降は成長戦略を見出せないでいる。

正教会との関係とウニアティズム

ブレスト教会合同四百周年の節目には、当事国のウクライナそしてポーランドで聖俗の記念式典、学術会議、出版企画や巡礼など、各種の行事が相次いだ。「三十三箇条」の全文がウクライナに広く知らしめられたのも、この時期の出版物による。教皇ヨハネ・パウロ二世は東方典礼カトリック教会の役割を説く教書「東方への光 Orientale Lumen」、さらに「ブレスト教会合同四百周年に寄せて」（本書「はじめに」で言及）を発表し、九六年七月七日にはヴァティカンが公式の記念式典を催した。九六年はウシホロド教会合同の三百五十周年でもあり、二つの教会合同を併せて祝賀する気運が盛り上がった。

これに対抗して、同じ九六年の十月にロシア正教会がリヴィウで協議会を開き、ポーランドの正教会（ポーランド独立正教会）もこれに参加した。協議会は教皇に対し、正教 - カトリック関係を悪化させた諸悪の根源たるブレストおよびウシホロドの教会合同の無効化を要求した。同時に、ウクライナでの宗派間関係を悪化させかねないとして教皇のウクライナ訪問計画の中止も要請された。にもかかわらず教皇のウクライナ訪問（二〇〇一年六月二十三日－二十七日）は断行され、キエフとリヴィウで東西両典礼のカトリック信徒がこれを盛大に迎えた。一方、ウクライナの正教徒（主にモスクワ総主教座教会）からは猛反発が起こり、数千人規模のデモへと発展している。

こうした経緯にも明らかなように、カトリック教会と正教会との関係において、教会合同は依然としてデリケートな問題である。ブレスト教会合同の成立はポーランド・リトアニアにおけるカトリシズムの勝利宣言といえるであろうが、一方でその後の歴史は教会合同に教会分裂を解消する力がないことを実証している。教会合同、その結果として生じた合同教会は、カトリック教会の内部でも全面的な共感を得てはいない。合同教会を対正教関係正常化の妨げとみなす立場、典礼の混在が信徒の間に混乱を生むと危惧する立場から、教会合同に懐疑的な見解は多い。

第二ヴァティカン公会議においては「東方カトリック諸教会に関する教令」（一九六四年）が発され、典礼様式に優劣がないこと、東方典礼カトリックが父祖の伝統を尊び実践すべきであることが記され、東西のカトリックの対等が念押しされている。しかし、カトリック教会全体において合同教会がマイノリティであり、副次的な位置づけにあることに変わりはない。それでも冷戦中には反体制勢力として迫害された中・東欧の合同教会にヴァティカンは心強い援護を寄せたが、冷戦が終わるとともに状況は変わった。

ウクライナの合同教会が再起の途に就いて間もない一九九一年、フライジング（ドイツ）において、エキュメニズムの手段としての教会合同を放棄することが明言された。さらに九三年六月には、アンティオキア総主教座管区にあるバラマンド（レバノン）で、完全なコミュニオンに向けてのあるべきエキュメニズムを目指す正教-カトリック共同の声明文（「バラマンド声明」）が発され、現存する東方典礼カトリック諸教会の存在は容認しつつ、他教会の信徒を組織単位で帰一させる合同という方法を拒絶する意思が明示された。

すなわち、正教会との間に緊張を抱えるのみならず、カトリック教会においてさえ批判対象になりうるというのが、教会合同の現在である。教会合同否定の動きに対し、リヴィウ総大主教ミロスラフ・リュバチフスキーを筆頭とするウクライナの合同教会は反発を隠さなかった。その一方で合同教会内からも、ダブリンの掌院サージ・ケリハーやアンティオキア総主教座教会バールベック大主教エリアスから、東方カトリックという選択肢の存在意義を無用のものとする統合こそ目指さねばならず、分裂前に回帰するためには独自の教会としての孤立を終わらせるべきとする展望が示された。アンティオキアでは実際に、正教会アンティオキア総主教座と合同教会との間での将来的な統合を見据えた対話が始動し（一九九五年）、教皇庁も認可した。教会合同が宗派分裂を引き起こした地域が、今度はローカルなエキュメニズムの模索に入っている。

ウクライナのローカル・エキュメニズム

自らの根源に対し否定的なバラマンド声明を、結局ウクライナの合同教会も公式に受容した。しかし同教会をナショナル・アイデンティティの拠り所とするウクライナ西部の人びとが、ようやく解放された自分たち固有の教会を放棄するとは考えにくい。また、統合の相手たる正教会がウクライナにおいては分裂している。ウクライナのローカル・エキュメニズムの前には高い壁が立ちはだかっているのだ。

国民統合に貢献しうる国民的教会への希求はウクライナとって新奇なアイデアではない。ブレスト教会合同から年月も浅い十七世紀前半に正教のモヒラ、合同教会のルツキーらが模索しながら幻に終わったローカル・エキュメニズム、「ルテニアのルテニアとの」合同は見果てぬ夢である。ウクライナ歴史学の祖で中央ラーダ政府の大統領でもあったフルシェフスキーも、教会にネイションビルダーの役割を期待した（彼は教会合同には批判的で、ウクライナの国民的教会として正教会を想定した）。

現在、ウクライナの宗派的状況は混沌としており、プロテスタント諸派やキリスト教系新興宗教をのぞいても、三つの正教会（モスクワ総主教座正教会、キエフ総主教座正教会、ウクライナ独立正教会）と二つのカトリック教会（ギリシア・カトリック教会、ローマ・カトリック教会）が林立している。うちローマ・カトリックをのぞく四つが、キエフ・ルシの教会にルーツが辿られる東方典礼の教会である。

ウクライナに現在ある三つの正教会について、組織の古い順に紹介しよう。

モスクワ総主教座正教会キエフ府主教座は、一六八六年以来、ロシア帝国とソ連時代を経て連綿と続いてきたロシア正教会の下部組織である。一九九〇年よりモスクワ総主教座ウクライナ正教会Ukrainian Orthodox Church of the Moscow Patriarchate（UOC-MP）を名乗るが、上位教会がロシアにあるという点でロシア正教会と見做せるであろう。典礼に教会スラヴ語を用いる点で最も伝統的、保守的である。説教はロシア語で行われ、地域によってはウクライナ語も併用される。信徒数ではウクライナで二番手であるが、教区組織や修道院の数では最大勢力であり、さらに世界的に公認されたウクライナで唯一の正教会組織である。

二つ目は、ウクライナ独立正教会Ukrainian Autocephalous Orthodox Church（UAOC）を名乗る組織で、一九二〇年にモスクワ総主教座に反旗を翻したウクライナの正教聖職者によって立ち上げられた。東ガリツィアのルソフィリズムの流れを汲み、正教会の中では最もナショナリスト的傾向が強い。ウクライナ西部に根強い支持基盤を持つものの、全国的には最小の正教会である。一九三〇年代にボリシェヴィキ政権下で廃止され、第二次大戦中にドイツ占領地域で一時的に復活したものの戦後は再び地下の存在となった。一九八九年に合法的地位を勝ちとるが、次に挙げるキエフ総主教座正教会との統合を求めた人びとと、組織の独立性維持を主張した人びととに分裂する。前者はキエフ総主教座正教会に合流した。

最後は、一九九二年にモスクワ総主教座から独立した、キエフに総主教座を置く「キエフ総主教座ウクライナ正教会Ukrainian Orthodox Church of the Kyiv Patriarchate（UOC-KP）」である。発足時にはUAOCとの統合が議論され、一部聖職者と信徒を取り込むことに成功したものの、完全な統合には失敗した。UAOCともどもロシア正教会から破門されており、世界的には非公認の組織である。信徒数ではウクライナ最大であり、典礼・説教ともにウクライナ語を用い、穏健なナショナリスト的傾向を帯びる。

これら三つの組織はすべて「ウクライナ正教会」を名乗るが、名実ともにウクライナ正教会といえるのはUAOCとUOC-KPである。合同教会が友好的な関係を維持してきたのはUOC-KPで、他の二つとの関係は、ややもすれば緊張をはらみかねない。ナショナリスティックな合同教会とロシアに親組織を持つUOC-MPとの不仲は自明のことであるが、ナショナリスティックな点では合同教会に相通じるUAOCの場合、その根本にあるルソフィル的なカトリック敵視が合同教会との間に溝をつくってきた。

UOC-MPがウクライナのローカル・エキュメニズムに連なることは考えにくく、そもそも肝心のロシア正教会はバラマンド声明を公式受容していない。そしてローマ・カトリック教会は現在のウクライナにおいては民族的マイノリティ（主にポーランド人。ザカルパチヤ県ではスロヴァキア人とハンガリー人）の教会であり、やはりローカル・エキュメニズムの輪からは外れるだろう。

「ユーロマイダン」（二〇一三年から翌年にかけての秋冬にキエフの独立広場《マイダン》を中心舞台に展開された、親露派政権に対する抵抗運動とそれに続く政権交代劇）に続く昨今の政治情勢も、ウクライナの宗派的状況と無関係ではない。ナショナリズム、反露意識の高揚とともに、UOC-MPからUOC-KPへの信徒流出が確認されている。近世ポーランド・リトアニア国家そしてハプスブルク帝国を構成したというウクライナ西部の歴史的経験、そうした歴史のなかで育まれた教会合同の伝統は、ウクライナが自らのヨーロッパ的アイデンティティを主張しつつロシアと自らを差別化する際の大きな理由づけとなる。その一方で教会合同は、ウクライナ・ネイション（の前身であるルテニア）を宗派的に引き裂き合同反対派を追いつめたことでロシアのルテニア進出を誘導した要因でもある。

ポーランドの歴史研究においても、教会合同は、近世ポーランド・リトアニア国家が衰退に向かい分割に至った要因を探る際の考察対象となってきた。複数宗教の共存と寛容、王権強化、東部領土の統合強化と「文明化」、民族間関係など多角的な視点からアプローチがなされており、その評価は様々であるが、教会合同が紛争の呼び水となって近世ポーランド・リトアニア国家の弱体化に寄与したことはたびたび指摘されてきた。しかしながらEU加盟にあたってポーランドでマイノリティの権利が向上したこともてつだい、すでに長い歴史をポーランドと関わりながら歩んできた合同教会に対する風当たりは、かつてプシェミシルの町でみられた状況からみると現在は格段に改善され穏やかなものとなっている。教会合同そのものについては反省の対象とする見方が支配的であるものの、カトリック教会における東方典礼の地位と、そしてポーランドにおけるマイノリティ教会としての境遇は、ともにこれまでにない安定を享受しているといえよう。

主な参考文献

邦語文献

G・ヴェルナツキー（松木栄三訳）『東西ロシアの黎明――モスクワ公国とリトアニア公国』、風行社、一九九九年。

M・D・ノウルズ、D・オボレンスキー（上智大学中世思想研究所）『キリスト教史4：中世キリスト教の発展』、平凡社ライブラリー、一九九六年。

H・テュヒレ、C・A・ブーマン、J・ル・ブラン（上智大学中世思想研究所）『キリスト教史5：信仰分裂の時代』、平凡社ライブラリー、一九九七年。

小山哲『ワルシャワ連盟協約（一五七三年）』（ポーランド史史料叢書2）、東洋書店、二〇一三年。

甚野尚志、踊共二（編著）『中近世ヨーロッパの宗教と政治――キリスト教世界の統一性と多元性』、ミネルヴァ書房、二〇一四年。

関口時正『ポーランドと他者――文化・レトリック・地図』、みすず書房、二〇一四年。

中井和夫『ウクライナ・ナショナリズム――独立のディレンマ』、東京大学出版会、一九九八年。

南山大学（監修）『第二バチカン公会議公文書全集』、サンパウロ、一九八六年。

服部倫卓「ベラルーシ国民史におけるユニエイト教会の逆説」、松里公孝（編）『講座スラブ・ユーラシア学　第3巻：ユーラシア――帝国の大陸』、講談社、二〇〇八年、二四一－二六五頁。

早坂眞理『ウクライナ――歴史の復元を模索する』、リブロポート、一九九四年。

早坂眞理『ベラルーシ――境界領域の歴史学』、彩流社、二〇一三年。

廣岡正久『キリスト教の歴史3――東方正教会、東方諸教会』、山川出版社、二〇一三年。

福嶋千穂「「ブレスト教会合同（一五九五－九六年）」の社会的背景――近世ポーランド・リトアニア「共和国」に

おけるルテニアの正教会」、『史林』八六巻三号、二〇〇三年、八六（三八二）－一一二（四一七）頁。

福嶋千穂「近世ポーランド・リトアニア共和国におけるルテニア――教会合同問題にみる諸階層」、『スラヴ研究』五八号、二〇一一年、一九七－二二七頁。

森安達也『東方キリスト教の世界』、山川出版社、一九九一年。

吉岡潤「ポーランド共産政権支配確立過程におけるウクライナ人問題」、『スラヴ研究』四八号、二〇〇一年、六七－九三頁。

史料

Theiner, Augustino (ed.), *Vetera Monumenta Poloniae et Lithuaniae, Gentiumque Finitimarum Historiam Illustrantia*, T. 3 : 1585-1696, Osnabrück, 1969, pp. 234-237.（ラテン語版原文）
Welykyj, Athanasius G. (ed.), *Documenta Unionis Berestensis Eiusque Auctorun* (*1590-1600*), Romae, 1970, pp. 61-67,（ポーランド語版原文）67-75.（ラテン語版原文）
Gudziak, Borys, *Kryzys i Reforma: Metropolia kijowska, Patriarchat konstantynopola i geneza unii brzeskiej*, Lublin, 2008, s. 360-365.（ポーランド語版原文）
Gudziak, Borys A., *Crisis and Reform: The Kyivan Metropolitanate, the Patriarchate of Constantinople, and the Genesis of the Union of Brest*, Cambridge, Massachusetts, 2001, pp. 264-272.（ポーランド語版からの英語訳）
Історичний контекст, укладения Берестейської уї і пеше поунійне покоління / ред. Б. Ґудзяк, О. Турій. Львів, 1995. С. 173-179; Артикули, що належать до з'єднания з Римською Церквою // Український Історичний Журнал, 1996, №. 2. С. 29-34.（ポーランド語版からのウクライナ語訳）
Warszawskie zeszyty ukrainoznawcze, 4-5, Warszawa, 1997, s. 357-362,（ポーランド語版原文）s. 374-380.（ラテン語版

からのウクライナ語訳)

研究文献

Adamczuk, Lucjan, Mironowicz, Antoni, *The Orthodox Church in Poland: Yesterday and Today*, Warsaw, 1993.

Bociurkiw, Bohdan Rostyslav, *The Ukrainian Greek Catholic Church and the Soviet State (1939-1950)*, Edmonton-Toronto, 1996.

Bremer, Thomas (ed.), *Religion and the Conceptual Boundary in Central and Eastern Europe: Encounters of Faiths*, London, 2008.

Brüning, Alfons, *Unio non est unitas: Polen-Litauens Weg im Konfessionellen Zeitalter (1569-1648)*, Wiesbaden, 2008.

Chozynicki, Kazimierz, *Kościół prawosławny a Rzeczpospolita Polska: Zarys historyczny 1370-1632*, Warszawa, 1934.

Chynczewska-Hennel, Teresa, "Spory wokół unii brzeskiej (koniec XVI-XVII w.)", *Warszawskie Zeszyty Ukrainoznawcze*, 2, 1994, s. 28-34.

____________, "Unia brzeska XVII stulecia w polskiej historiografii", *Białoruskie Zeszyty Historyczne*, 1996, No. 2, s. 31-40.

____________, "The Political, Social, and National Thought of the Ukrainian Higher Clergy, 1569-1700", *Harvard Ukrainian Studies*, V. 26, No.1-4, 2002/2003, pp. 97-152.

Ciołka, ks. Dariusz, *Latynizacja kościoła unickiego w Rzeczypospolitej po synodzie zamojskim*, Białystok, 2014.

Dobrowolski, Radosław, Zemło, Mariusz (red.), *Dziedzictwo unii brzeskiej*, Lublin, 2012.

Dobrzyński, Zbigniew, *Prawosławni i grekokatolicy w dawnej Polsce*, Warszawa, Cz. I, II, 1992.

Drozdowski, Mariusz, Wilczak, Wojciech, Wiszowata-Walczak, Katarzyna (red.), *Od Kijowa do Rzymu: Z dziejów stosunków Rzeczypospolitej ze Stolicą Apostolską i Ukrainą*, Białystok, 2012.

Dyłągowa, Hanna, *Dzieje unii brzeskiej* (*1596-1918*), Warszawa-Olsztyn, 1996.

Dzięgielewski, Jan, *O tolerancję dla zdominowanych: Polityka wyznaniowa Rzeczypospolitej w latach panowania Władysława IV*, Warszawa, 1986.

Gajek, Jan Sergiusz, Nabywaniec, Stanisław (red.), *Unia brzeska z perspektywy czterech stuleci: Materiały międzynarodowego sympozjum naukowego 20-21 IX 1995 r.*, Lublin, 1998.

Gil, Andrzej, Bobryk, Witold, *Kościół katolicki na wschodzie: W warunkach totalitaryzmu i posttotalitaryzmu*, Siedlce-Lublin, 2010.

Gil, Andrzej, Bobryk, Witold, *On the Border of the Worlds: Essays about the Orthodox and Uniate Churches in Eastern Europe in the Middle Ages and the Modern Period*, Siedlce-Lublin, 2010.

Gudziak, Borys A., *Crisis and Reform: The Kyivan Metropolitanate, the Patriarchate of Constantinople, and the Genesis of the Union of Brest*, Cambridge, Massachusetts, 2001.

Halecki, Oscar, *From Florence to Brest* (*1439-1596*), Rome- New York, 1958.

Hałagida, Igor, "*Szpieg Watykanu*": *Kapłan greckokatolicki ks. Bazyli Hrynyk* (*1896-1977*), Warszawa, 2008.

Himka, John-Paul, *Religion and Nationality in Western Ukraine: The Greek Catholic Church and the Ruthenian National Movement in Galicia 1870-1900*, Montreal, 1999.

Hunczak, Taras, "The Union of Brest and its significance", *The Ukrainian Quarterly*, V. 52, No. 4, 1996, pp. 333-339.

Isaievych, Iaroslav, *Voluntary Brotherhood: Confraternities of Laymen in Early Modern Ukraine*, Edmonton-Toronto, 2006.

Jobert, Ambroise, *Od Lutra do Mohyły: Polska wobec kryzysu chrześcijaństwa 1517-1648*, Warszawa, 1994.

Kempa, Tomasz, "Konstanty Wasyl Ostrogski wobec katolicyzmu i wyznań protestanckich", *Odrodzenie i Reformacja w Polsce*, T. 40, 1996, s. 17-36.

Kępiński, Andrzej, Łuźny, Ryszrad, Ziejka, Franciszek (red.), *Unia brzeska: geneza, dzieje i konsekwencje w kulturze narodów słowiańskich*, 1994, Kraków.

Krasiński, ks. Józef, "Unia brzeska: kontekst i treść aktu unijnego, unici", *Studia Teologica Varsoviensia*, 35, 1997, No. 1, s. 143-170.

Kuźmina, Dariusz, *Wazowie a kościół w Rzeczypospolitej*, Warszawa, 2013.

Likowski, ks. Edward, *Unia brzeska* (*r.1596*), Warszawa, 1907.

Łaszkiewicz, Hubert (ed.), *Churches and Confession in East Central Europe in Early Modern Time*, Lublin, 1999.

Mironowicz, Antoni, *Kościół prawosławny w państwie Piastów i Jagiellonów*, Białystok, 2003.

Moroziuk, Russel P., *Politicized Ecumenism: Rome, Moscow and the Ukrainian Catholic Church*, Montreal, 1984.

Natanek, ks. Piotr, Zawadzki, Roman M., *Unia Brzeska: Przeszłość i teraźniejszość*, Kraków, 1998.

Osadczy, Włodzimierz, *Kościół i Cerkiew na wspólnej drodze. Concordia 1863: Z dziejów porozumienia między obrządkiem greckokatolickim a łacińskim w Galicji Wschodniej*, Lublin, 1999.

Ozorowski, ks. Mieczysław, *Hipacego Pocieja podstawy unickiej teologii pozytywno-polemicznej*, Warszawa, 2012.

Papierzyńska-Turek, Mirosława, "Wizje unii brzeskiej w świadomości historycznej", *Białoruskie Zeszyty Historyczne*, 1996, No.2, s. 41-50.

Plokhy, Serhii, Sysyn, Frank E., *Religion and Nation in Early Modern Ukraine*, Edmonton-Toronto, 2003.

Skinner, Barbara, *The Western Front of the Eastern Church: Uniate and Orthodox Conflict in 18th-century Poland, Ukraine, Belarus, and Russia*, DeKalb, 2009.

Sorokowski, Andrew, *Ukrainian Catholics and Orthodox in Poland and Czechoslovakia*, Cambridge, Massachusetts, 1988.

Soszyński, ks. Roman, *400-lecie Unii brzeskiej: 1596-1996*, Warszawa, 1996.

Stradomski, Jan, *Spory o "wiarę grecką " w dawnej Rzeczypospolitej*, Kraków, 2003.

Szegda, Ks. Mirosław, *Działalność prawno-organizacyjna Metropolity Józefa IV Welamina Ruckiego* (*1613-1637*),

Warszawa, 1967.

Świątek, Adam, *Gente Rutheni, natione Poloni: Z dziejów Rusinów narodowości polskiej w Galicji*, Kraków, 2014.

Tataryn, Myroslaw, "The re-emergence of the Ukrainian (Greek) Catholic Church in the USSR", Ramet, Sabrina Petra (ed.), *Religious Policy in the Soviet Union*, Cambridge, 1993, pp. 292-318.

Walczak, Wojciech (red.), *Kościół unicki w Rzeczypospolitej*, Białystok, 2010.

Wereda, Dorota, *Biskupi unickiej metropolii kijowskiej w XVIII wieku*, Siedlce-Lublin, 2013.

Wolff, Larry, "The Uniate Church and the Partitions of Poland: Religious Survival in an Age of Enlightened Absolutism", *Harvard Ukrainian Studies*, V. 26, No. 1-4, 2002/2003, pp. 153-244.

Wöller, Burkhard, "The Church Union of Brest in National Discourses: Polish and Ukrainian Evaluations in Galician Historiography", *Journal of Ukrainian Studies*, V. 37, No.1-2, 2012, pp. 19-39.

Harvard Ukrainian Studies, V. 27: Ukrainian Church History, 2002-2003.

Polska-Ukraina: 1000 lat są siedztwa, T. 4, Przemyśl, 1998.

The Ukrainian Review, 42 (4), 1995; 43 (1), 1996.

Warszawskie zeszyty ukrainoznawcze, 4-5, 1997.

Димид, Михайло. Єпископ київської церкви (1589-1891). Львів, 2000.

Дмитриев, М. В. Между Римом и Царьградом : Генизис Брестской церковной унии 1595-96 гг., Москва, 2003.

Жукович, Платон. Сеймовая борьба православного западнорусского дворянства съ церковной унией (до 1609 г.), С-Петербургъ, 1901.

Жукович, Платон. Сеймовая борьба православного западнорусского дворянства съ церковной унией (съ 1609 г.), вып. 1 (1609-1614). С-Петербургъ, 1903; вып. 2 (1615-1619), С-Петербургъ, 1904; вып. 3 (1620-1621), С-

Петербургъ, 1906; вып. 4 (1623-1625), С-Петербургъ, 1908; вып. 5 (1625-1629), С-Петербургъ, 1910; вып. 6 (1629-1632), С-Петербургъ, 1912.

Карташев, А. В. Очерки по истории русской церкви. Париж, 1959 (репринт, Москва, 1992-1993).

Королевський, Кирило. Уніятизм. Львів, 2014.

Коялович, М. О. История воссоединения западнорусских униатов старых времен (до 1800г.). СПб, 1873 (репринт, Минск, 1999).

Мончак, Ігор. Флорентійська екуменізм у Київській церкві: Унійна ідея в помісній еклезіяліній традиції. Львів, 2012.

Сапеляк, Андрій. Київська церква на слов'янському сході: Канонічно-екуменічний аспект, видания 2-е. Львів, 2002.

Тимошенко, Л. В. Арикули Берестейської унії 1596 р. // Український Історичний Журнал, 1996, № 2. С. 15-34.

Берестейська унія (1596-1996): статті й матеріали / ред. М. Гайковський, В. Гаюк, О. Гринів, Я. Дашкевич, Л. Моравська, І. Паславський, О. Сидір. Львів, 1996.

Берестейська унія і українська культура XVII століття / ред. Б. Ґудзяк, О. Турій. Львів, 1996.

Берестейська унія та внутрішне життя Церкви в XVII століття / ред. Б. Ґудзяк, О. Турій. Львів 1996.

Брестская уния 1596 г. и общественно-политическая борьба на Украине и в Беларусии в конце XVI-первой половине XVII в., Ч. I : Брестская уния 1596 г. Исторические причны / ответств. ред., Б. Флоря. Москва, 1996.

Брестская уния 1596 г. и общественно-политическая борьба на Украине и в Беларусии в конце XVI-первой половине XVII в., Ч. II : Брестская уния 1596 г. Исторические последствия события / ответств. ред., Б. Флоря. Москва, 1999.

Держава, суспільство і церква в Україні у XVII столітті / ред. Б. Ґудзяк, О. Турій. Львів, 1995.

Історичний контекст, укладення Берестейської унії і перше поунійне покоління / ред. Б. Ґудзяк, О. Турій. Львів,

1995.
Православие Украины и Московской Руси в XV-XVII веках: Общее и различное / ред. М. В. Дмитриев. Москва, 2012.
Фундація Галицької Митрополії : у світлі дипломатичного листування Австрії та Святого Престолу 1807-1808 років : Збірник документів / упорядк. В. Ададуров. Львів, 2011.
Український Історичний Журнал, 1996, № 2.

インターネット

http://www.vatican.va/holy_father/index.htm（ヴァティカン公式サイト。レオ十三世以降の歴代教皇による教書を掲載）
http://ugcc.ua/（ウクライナ・ギリシア・カトリック教会公式サイト）
http://news.ugcc.ua/（ウクライナ・ギリシア・カトリック教会広報サイト）

※京都大学大学院文学研究科の小山哲先生には、お忙しいにもかかわらず拙稿に目を通していただき、貴重なご指摘を賜りました。深く感謝の意を表明いたします。本書になお誤記や不適切な記述がみられます場合、すべて著者が責任を負うものです。

87頁　ウィーンのギリシア・カトリック教会、聖バルバラ聖堂（古い絵葉書の写真）。所蔵：ウィーン博物館、典拠：Purchla, J., Kos, W. i inni (red.), *Mit Galicji*, s. 419.

103頁　ワルシャワのバシリウス会修道院（著者撮影、2002年）

107頁　教皇ヨハネ・パウロ二世とウクライナ・ギリシア・カトリック教会総大主教ヨシフ・スリピー。典拠：***Музичка, о. Іван***. Послання тисячоліття. Рим, 1979, С. 1.

109頁　リヴィウの聖ゲオルギウス（ユーラ）大聖堂（著者撮影、2006年）

所収図版一覧

カバー表　合同教会での聖体拝領（Antoni Jezierski, 1897）、所蔵：クラクフ国立博物館、典拠：Purchla, Jacek, Kos, Wolfgang, i inni (red.), *Mit Galicji*, Kraków, 2014, s. 257.
カバーそで　ブレスト教会合同四百周年、ウシホロド教会合同三百五十周年の記念切手（ヴァティカン市国発行、1996年）。著者所有

口絵1　ブレスト教会合同の宣言文（1596年10月8日付）。所蔵：リヴィウ市国立中央歴史文書館、典拠：1596-1996 Берестейська унія / ред. Мацюк, Орест. Львів, 1997, C.10.
口絵2-3　スカルガの説教（Jan Matejko, 1864）。所蔵：ワルシャワ王宮博物館（ワルシャワ国立博物館に貸与中）、パブリックドメイン
口絵4　シフォントコヴァ・マワの大天使聖ミカエル聖堂（著者撮影、2015年）

29頁　「三十三箇条」（ポーランド語版）に付されたルテニアの主教たちの印章。所蔵：ヴァティカン機密文書館、典拠：Gudziak, B.A., *Crisis and Reform*, Illustration 15）
41頁　近世ポーランド・リトアニア国家の領域と現在の諸国家。出典：谷川稔（編）『歴史としてのヨーロッパ・アイデンティティ』、山川出版社、2003年、179頁）
51頁　16世紀末ポーランド・リトアニアの正教会主教座管区。出典：Adamczuk, L., Mironowicz, A., *The Orthodox Church in Poland: Yesterday and Today*（p. 52の地図をもとに作成）
53頁　イパーチー・ポチェイの肖像画（Jan Onufry Piotrowski, 18世紀後半）。所蔵：ポーランド国立図書館、出典：Woźniak, Michał, *Unia brzeska 1596: Geneza i skutki (katalog wystawy)*, 1997, Toruń, s. 18.
77頁　1770年当時の合同教会主教座管区。出典：Kubiczek, Franciszek, Witkowski, Janusz (red.), *Zarys historii Polski w liczbach: społeczeństwo, gospodarka*, Warszawa, 2012（s. 144-145の地図をもとに作成）
84頁　プラトゥーリンでの殉教（Walery Elijasz-Radzikowskiによる油彩画の複製）（Emile Roch, 19世紀末）。所蔵：ポーランド国立図書館、出典：Woźniak, Michał, *Unia brzeska 1596: Geneza i skutki,* s. 33.

1795　第三次ポーランド分割
1808　〈オーストリア領〉合同教会ハリチ府主教座の設置
1830－31　ポーランド十一月蜂起
1839　〈ロシア領〉ポロツク教会会議（合同教会が正教会に統合）
1848　諸国民の春
1863－64　ポーランド一月蜂起
1875　〈ロシア領〉ヘウム主教座管区の解体（ロシア帝国内の合同教会根絶）
1905　〈ロシア領〉宗教寛容令
1914－18　第一次世界大戦
1917　ロシア革命
1918　ポーランド独立（第二共和政）
1919　ウクライナ・ソヴィエト社会主義共和国、ベラルーシ・ソヴィエト社会主義共和国 成立
1920－21　ポーランド・ソヴィエト戦争
1921　ウクライナ独立正教会　ロシア正教会からの独立を宣言
1922　ソヴィエト連邦成立
1933　ウクライナ独立正教会　非合法化されロシア正教会に統合
1939－45　第二次世界大戦
1945　ポーランド人民共和国 成立
1946　リヴィウ教会会議（ウクライナの合同教会　正教会に統合）
1947　ヴィスワ作戦（ポーランドのウクライナ人マイノリティ強制移住）
1962－65　第二ヴァティカン公会議「東方カトリック諸教会に関する教令」(1964)
1989　ポーランド民主化、ウクライナで独立正教会と合同教会が合法化
1990　ベラルーシで合同教会再興
1991　ソ連邦崩壊、ウクライナとベラルーシ独立
1992　ウクライナにキエフ総主教座正教会が成立
2005　ウクライナの合同教会　キエフに首座を移転

ブレスト教会合同　関連年表

966年	ポーランド王国　ローマのキリスト教を受容
988	キエフ公国　ビザンツのキリスト教を受容
1054	東西キリスト教の分裂
1240	モンゴル侵攻によりキエフ公国滅亡
1274	リヨン教会合同
1349	ポーランド王国　ハリチ公国を得る
1362	リトアニア大公国　キエフを征服
1439	フィレンツェ教会合同
1385－86	クレヴォ合同（リトアニア大公国のカトリシズム受容）
1569	ルブリン合同（ポーランド王国とリトアニア大公国の制度的合同）
1589	モスクワ府主教座　総主教座に昇格
1595－96	ブレスト教会合同
1620	正教会キエフ府主教座ヒエラルヒー　再興
1631	合同教会のバシリウス会　教皇より認可を受ける
1633	正教会キエフ府主教座ヒエラルヒー　ポーランド国王により公認
1644	正教会キエフ府主教ペトロ・モヒラ　新しい教会合同を提案
1648	ウクライナ・コサック、ボフダン・フメリニツキーの蜂起
1654	ペレヤスラフ協定（ウクライナ・コサックがモスクワに臣従表明）
1667	アンドルソヴォ協定（キエフとドニプロ川左岸がポーランド・リトアニアからモスクワに割譲）
1686	正教会キエフ府主教座　モスクワ総主教の管轄下へ
1720	ザモシチ教会会議
1772	第一次ポーランド分割
1774	〈オーストリア領〉ガリツィアの合同教会「ギリシア・カトリック」の名称を得る
1793	第二次ポーランド分割

福嶋 千穂（ふくしま ちほ）
1973年、京都府生まれ。大阪外国語大学外国語学部卒業、京都大学大学院文学研究科博士後期課程研究指導認定退学。2011年、京都大学博士（文学）。福井県立大学、京都女子大学、京都大学、大手前大学、龍谷大学非常勤講師を経て、2014年より東京外国語大学国際社会学部講師。
主な著作に、「「ブレスト教会合同（1595-96年）」の社会的背景―近世ポーランド・リトアニア「共和国」におけるルテニアの正教会」（『史林』第86巻、第3号）、「「ハジャチ合意（1658-59年）」にみるルテニア国家の創出」（『史林』第93巻、第5号）、「近世ポーランド・リトアニア共和国におけるルテニア―教会合同問題にみる諸階層」（『スラヴ研究』第58号）、「近世ルテニアの啓蒙・教育活動と宗派共同体―「正教スラヴ」ネットワークの中で」（橋本伸也 編『ロシア帝国の民族知識人―大学・学知・ネットワーク』昭和堂）。

Niniejsza publikacja została wydana w serii wydawniczej
„Źródła historyczne do dziejów Polski”
w ramach „Biblioteki kultury polskiej w języku japońskim”
przygotowanej przez japońskie NPO Forum Polska,
pod patronatem i dzięki dofinansowaniu kosztów wydania przez Instytut Polski w Tok

本書は、ポーランド広報文化センターが統括する事業として出版経費を助成し、
特定非営利法人「フォーラム・ポーランド組織委員会」が編纂を担当する
《日本語で読むポーランド文化ライブラリー》の一環である
《ポーランド史叢書》の一冊として刊行されました。

ポーランド史叢書 1

ブレスト教会合同《きょうかいごうどう》

2015年12月29日　初版第1刷発行

著　者　福嶋 千穂

発行人　島田進矢
発行所　株式会社 群 像 社
神奈川県横浜市南区中里1-9-31 〒232-0063
電話／FAX 045-270-5889　郵便振替　00150-4-547777
ホームページ　http://gunzosha.com
Eメール info@gunzosha.com

印刷・製本　シナノ

カバーデザイン　寺尾眞紀

ISBN978-4-903619-61-3